하기 싫은
일을 하는 힘

하기 싫은 일을 하는 힘

초판 1쇄 발행 2017년 1월 25일
초판 6쇄 발행 2019년 7월 17일

지은이 홍주현
펴낸이 문채원
편집 이은미

디자인 엔드디자인
마케팅 박효정, 정승호, 전지훈

펴낸곳 도서출판 사우
출판 등록 2014-000017호
주소 서울시 양천구 목동동로 50, 1223-508
전화 02-2642-6420
팩스 0504-156-6085
전자우편 sawoopub@gmail.com

ISBN 979-11-87332-06-0 03320

이 도서의 국립중앙도서관 출판예정도서목록(CIP)은 서지정보유통지원시스템 홈페이지(http://seoji.nl.go.kr)와
국가자료공동목록시스템(http://www.nl.go.kr/kolisnet)에서 이용하실 수 있습니다.(CIP제어번호: CIP2017000139)

하기 싫은 일을 하는 힘

- 기 쓰지 않고도 끝까지 해내는 마음 관리법 -

홍주현 지음

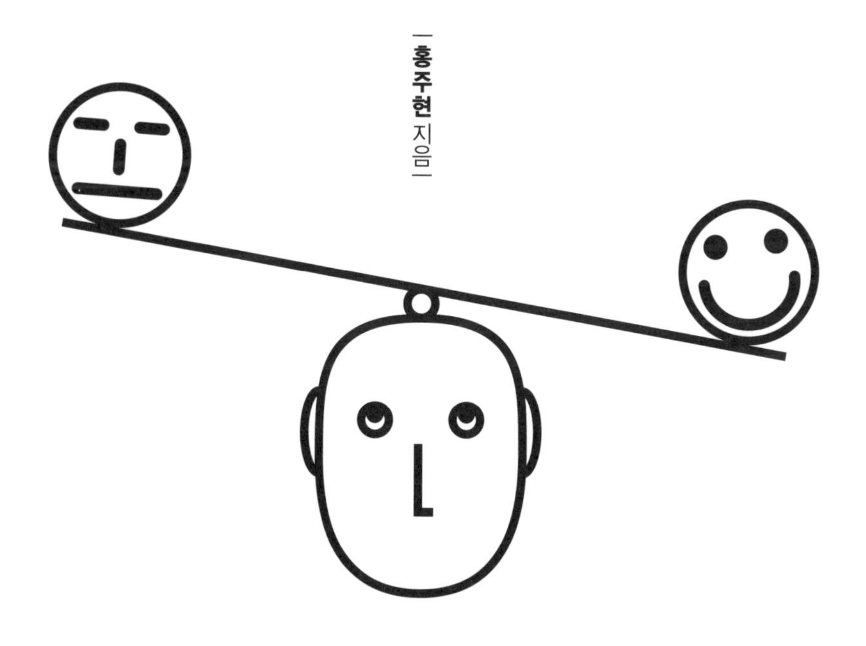

사우

여는 글 ⋮

모든 성취는 하기 싫은 마음을 다스리는 데서 시작된다

나는 10여 년간 국회에서 일했다. 우연히 어느 국회의원실에서 아르바이트를 한 것이 계기였다. 아르바이트였지만 정식 직원이 되고 싶어 열심히 일했다. 입법기관에서 의정활동을 돕는 일이 의미 있고 중요해 보였다. 결국 인턴을 거쳐 (별정직) 공무원이 됐다.

처음에 맡은 일은 의원 스케줄 관리와 기타 잡무였다. 2년 정도는 만족스러웠다. 그런데 점점 일이 싫어지기 시작했다. 우선 잡무가 많다 보니 책상에 앉아 있기가 어려웠다. 앉아서 뭘 좀 하려고 하면 손님이 찾아와 차 대접을 해야 했고, 수시로 복사나 잔심부름도 해야 했다. 집중해서 뭘 할 수가 없으니 점점 짜증이 났다. 다른 사람들이 나를 '여비서'로 보고 무시한다는 느낌도 들기 시작했다. 그토록 원했던 일인데, 어느 순간부터 그 자리가 지옥이 되었다.

업무를 바꾸기로 작정했다. 정책 보좌관이 눈에 들어왔다. 나도 시답

잖은 잡무에서 벗어나 국회의원과 정책을 논의하고 질의서를 쓰고, 법안도 만들고 싶었다. 정책 비서가 되는 것이 간절한 꿈이 되었다. 학교를 더 다니고, 직위도 스스로 낮추어 다시 도전했다. 마침내 그 꿈을 이뤘다. 즐겁게 열정적으로 일했다. 차근차근 승진도 했다.

그런데 업무가 익숙해지자 즐거움과 만족감이 감소하기 시작했다. 질의서를 쓰는 일, 회의장에서 의원을 보좌하는 일, 법안을 만들고 의견을 조율하기 위해 사람들을 만나는 일…. 간절하게 하고 싶던 일들이 엄청난 스트레스가 되었다. 보람이나 사명감 대신 회의감이 들었다. 의욕 넘치게 하던 일이 죽지 못해 하는 일이 됐을 만큼 하기 싫어졌다. 결국 국회를 떠났다.

글쓰기를 좋아하니 작가가 되기로 마음먹었다. 누구에게도 방해받지 않고 혼자 글을 쓰기 시작했다. 하고 싶은 일을 하니 즐거웠다. 몇 개월 동안 자유롭고 행복했다. 그런데, 이게 웬일인가! 어느 날부터인가 또다시 하기 싫은 마음이 들기 시작했다.

전업 작가가 되려면 매일 일정한 분량을 써야 한다. 쓰기 싫은 날도 써야 한다는 의무감에 책상에 앉아 있으려니 마음이 무거웠다. 사무실에서 일하기 싫을 때 느끼는 기분과 똑같았다. 글이 잘 안 풀릴 땐 그만두고 싶은 마음도 들었다. 문득, 자꾸 글쓰기를 회피하는 내 모습을 발견했다. '이러다가 글쓰기도 그만둘 셈이야? 또 하기 싫어진 거야? 계속 이럴 거야?' 나 자신이 한심했다.

좋아하는 일을 하면 행복하게 살 수 있을 줄 알았다. 내가 원하는 일을 하면 하루하루 발전하고 성과도 좋을 줄 알았다. 많은 현자와 멘토가 그렇게 이야기하지 않던가. 나는 그 가르침에 따라 좋아하는 일을 찾았고, 처음에는 신나서 열심히 했다. 하고 싶은 일을 근사하게 해내고 싶은 마음은 누구에게도 뒤지지 않았다. 그런데 얼마 지나지 않아 어려운 과제나 힘든 인간관계를 만나면 다른 길을 찾아 떠났다. 새로 찾은 길에도 여전히 난관이 기다리고 있었다.

나는 왜 간절하게 원해서 시작한 일인데도 시간이 지나면 점점 싫어질까? 이러다가 아무 성과도 내지 못하고 좋아 보이는 일만 쫓아다니다 끝나는 건 아닐까? 내가 정말 좋아하는 일은 무엇일까? 막다른 골목길에 들어선 듯 막막했다.

나는 일과 마음에 관해 탐구하기 시작했다. 우리에게 일이란 무엇인가? 좋아하는 일로 성과를 내는 사람들과, 나처럼 좋아서 시작한 일인데도 포기하고 마는 사람은 무슨 차이가 있는가? 좋아하는 마음과 싫은 마음은 어디서 오는가? 어떻게 마음과 감정을 다스릴 수 있는가?

나는 오랜 시간 동안 각종 연구 자료와 책을 찾아보면서 해답을 모색했다. 새로 알게 된 인생의 진리와 지식을 실제로 나 자신에게 하나하나 적용해보았다. 그 과정에서 지금까지 나는 하기 싫은 일을 피해 도망 다니는 삶을 살아왔다는 사실을 깨달았다. 큰 성취를 이룬 사람들과 나의 차이가 무엇인지도 알 수 있었다.

바로 '하기 싫은 일을 하는 힘'이 있느냐 여부가 결정적이었다. 우리는 모두 하기 싫은 일을 하면서 살 수밖에 없다. 하기 싫은 일을 피해가면서 좋은 성과를 낸 사람은 아무도 없다. 순간순간 내 의지와 다르게 일어나는 마음을 다스리는 힘! 이 힘이야말로 원하는 바를 이루고, 행복하게 살기 위해 반드시 필요한 핵심 자질인 것이다.

이 힘을 기르면서 비로소 나는 하고자 하는 일을 포기하지 않고 밀고 나갈 수 있었다. 그동안 나를 괴롭히던 귀찮고 성가신 일들이 더 이상 나를 힘들게 하지 않았다. 그러다 보니 삶이 한결 가벼워졌다. 고민과 괴로움에 휘둘리는 게 아니라, 내가 그 고민과 괴로움을 주체적으로 다룰 수 있게 됐기 때문이다.

모두가 좋아하는 일을 하면서 살고 싶어 한다. 그런데 좋아하는 일을 한다고 해서 늘 행복하고 즐겁기만 한 것은 아니다. 아무리 좋아서 하는 일이라도 귀찮고 힘겨운 장애에 부지기수로 부딪히기 마련이다.

《미생》의 원작자 윤태호는 매일 밤 꿈을 포기할까 고민한 적이 있다고 고백한다. 20여 년 전 노숙자 생활을 할 정도로 생활고에 시달릴 때였다. 그는 만화가 지망생에게 조언한다. "일이 당장 안 풀려도 3~4년은 버티겠다는 각오가 필요하다. 그 끈기가 곧 재능이다."

소설가 김연수도 비슷하게 말한다. 재능 탓하면서 그만두겠다고 한다면 핑계일 경우가 많다고. 진전이 없어 보이면 지겹고, 일이 안 풀리면 답답하다. 그 시간을 견디기 힘들 때 대개 재능 탓을 한다는 것이다. 그에게 재능이란, 괴로운 시간을 견디는 힘이다. 따라서 재능을 굳이 찾자면, 힘들고 괴로워도 견딜 만하다고 생각되는 일에 있을 것이라고 말한다.

하기 싫은 마음을 다스리는 능력이야말로 성취를 이루는 데 가장 중요한 재능이다. 그 힘은 싫은 마음을 억지로 참아가며 애쓰는 절제력과 다르다. 그 힘을 기른 덕분에 나는 이 책을 완성할 수 있었다. 과거의 내 모습과 달리 스트레스 없이 이룬 성취라서 더욱 의미가 크다. 이 책은 내가 그 '비밀'을 발견한 과정에 대한 기록이다.

당신의 올해 소망은 무엇인가? 다이어트에 성공해서 탄탄하고 건강한 몸을 갖고 싶다, 제대로 공부해서 시험에 합격하고 싶다, 승진하고 싶다, 종잣돈을 만들어 투자에 성공하고 싶다…. 저마다 다양한 목표를 갖고 있을 것이다. 다이어트에 성공하려면 먹고 싶은 음식을 절제해야 한다. 운동도, 공부도 꾸준히 할 때 성과를 얻을 수 있다. 하지만 하기 싫은 마음이 불쑥불쑥 올라오니 의지가 꺾이기 쉽다. 수시로 찾아오는 '지름신'을 물리치기란 얼마나 어려운가. 승진하려면 코드가 맞지 않는 사람과도 잘 지내야 하고 하기 싫은 일도 마다하지 않아야 한다.

새해를 맞이할 때마다 굳은 각오로 '새로운 나로 다시 태어나리라' 다짐하지만 얼마 못 가 흐지부지되고 만다. 작심삼일은 거의 모든 사람이 경험하는 현실이다.

소망하는 일을 이루지 못한 채 매해 같은 다짐을 반복하는 이유는 단순하다. 해야 하는 일인데도 하기 싫어서 회피하기 때문이다. 그러고는 막연하게 '하고 싶은 일만 하면서 살면 얼마나 좋을까?'라며 꿈을 이룬 사람들을 부러워한다. 자신의 나약한 의지력을 한탄하면서 말이다. 그러니 삶이 고달프고 우울하다.

이제 그런 삶에 종지부를 찍자!

우리가 각자 자기 분야에서 괄목할 만한 성과를 이루지 못한 원인은 소질이나 노력이 부족해서가 아니다. 내가 역경에 부딪힐 때마다 도망치면서 다른 일을 기웃거린 이유는 끈기가 없어서가 아니다. 당신이 매해 같은 결심을 반복하는 것은 나약한 의지 탓이 아니다. 단지 '하기 싫은 일을 하는 힘'을 기르지 않았기 때문이다.

이 책에 그 힘을 기르는 6단계가 상세히 나와 있다. 6단계를 차근차근 따라가면, 내가 변했듯이 당신도 어제와 다른 삶을 살게 될 것이다. 단번에 '하기 싫은 일을 하는 힘'을 갖게 되는 사람도 있고, 시간이 조금 더 필요한 사람도 있을 것이다. 하지만, 딱 한 번만 성공하면 된다. 한 번 성공한 뒤부터는 저절로, 자꾸만 그 힘을 기르는 연습을 하게 될 것이다.

여기서 분명하게 밝혀두고 싶은 점이 있다.

첫째, 이 책에서 말하는 '하기 싫은 일을 하는 힘'은 '하면 된다' 같은 개발시대의 낡은 근로정신이 아니다. 여기서 '싫은 일'이란 해야 하는 줄 알면서도 하기 싫은 마음이 생기는 일이다. 예를 들면, 의사가 되고 싶은 의대생이라면 해부학 과목을 이수해야 한다. 그런데 만약 해부학을 싫어한다면? 싫은 마음을 다스리지 못해 해부학 공부를 게을리 하면 의사가 되지 못한다. 즉 '싫든 좋든 무조건 참고 하라'가 아니라 원하는 바를 이루는 과정에서 일어나는 싫은 마음을 다스리는 힘을 의미하는 것이다.

둘째, '하기 싫은 일을 하는 힘'은 감정과 욕구를 억누르는 방식이 아니다. 그 마음을 부정하거나 강압하는 게 아니라 그런 감정, 마음이 일어났음을 인정하고, 있는 그대로 받아들이는 방식이다.

이런 방식으로 슬럼프를 극복한 사람이 있다. 박찬호 선수다. 그는 청소년 시절부터 간절히 꿈꾸던 LA 다저스에 입단했다. 그리고 명실상부 최고의 투수가 됐다. 얼마나 멋지고 근사한 삶이었을까. 그런데 정작 행복한 순간은 잠깐이고 많은 시간 동안 힘들었다고 고백한다.

좋은 성적을 내기 위해서 그는 온갖 욕구를 참아야 했다. 몸이 무거울 때, 수없이 반복되는 연습이 지겨울 때도 참고 연습해야 했다. 화창한 날 기분 전환하고 싶은 마음도 억눌렀다. 그렇게 노력한 결과 비로소 원하는 바를 이뤘다. 하지만 행복은 눈 깜짝할 사이에 사라지고, 더 높이 올라야 한다는 압박감에 오랫동안 시달려야 했다. 심지어 절망과 분노, 자책 같은 부정적 감정과 싸운 시간도 있었다고 한다.

박찬호는 어느 날, 부정적 감정이나 생각과 싸우기를 멈췄다. 싸움은 너무 힘들고 괴롭다. 그는 더 이상 싸우는 방식으로는 승산이 없다고 여겼을 것이다. 대신 그는 자기 자신을 관찰하는 방법으로 괴로움을 극복했다. 스스로를 관찰하면서 자신의 마음과 감정을 받아들였다. 그렇게 시련에서 벗어나 마침내 가볍고 자유로운 마음으로 훈련 과정을 즐길 수 있었다고 말한다.

우리는 흔히 안간힘을 다할 때 '이를 악문다'라고 표현한다. 박찬호 선수처럼 부정적 감정, 또는 하기 싫다는 마음과 싸우며 의지력을 발휘할 때 이를 악물게 된다. 이렇게 해야만 노력하는 태도라고 여긴다.

그런 애씀은 불필요한 노력이다. 오히려 몸과 마음을 긴장하게 만들어 집중을 방해한다. 의도와 정반대로, 있는 실력마저 제대로 발휘하지 못하게 된다. 사는 게 힘들어지는 건 두말할 필요가 없다.

'하기 싫은 일을 하는 힘'은 이를 악물지 않는 것이다. 내가 하고자 하는 일을 방해하는 그 마음을 억지로 없애려고 용을 쓸 필요가 없다. 하기 싫은 일을 하는 힘이 생기면 힘겹게 애쓰지 않아도 자연스럽게 의도하는 일을 할 수 있다.

'하기 싫은 일을 하는 힘'이 지향하는 바는 무위자연, 애쓰지 않는 삶이다. 그러니 만큼 가벼운 마음으로 재미있게 이 책을 즐겨주길 바란다. 흥미와 즐거움이 자연스럽게 실천으로 이어진다면 저자로서 더없이 보람된 일이다.

고마운 분들이 많다. 추천사를 써주신 법상 스님께 감사 말씀 드린다. 스님의 추천사는 큰 격려가 됐다. 원고를 쓰는 동안 조언과 격려를 아끼지 않으신 한명석 선생님, 철없는 자식을 늘 사랑으로 보듬어주시는 양가 부모님께 감사한 마음 전한다.

홍 주 현

목차

2장_하기 싫은 일을 하는 힘이 능력이다

3장_하기 싫은 일, 당신도 잘할 수 있다

2부

하기 싫은 일을 하는 힘은 어디서 오는가

1장_부드럽게 욕구를 다스리는 새로운 전략

2장_힘을 기르는 6단계

1단계: 나를 보기

2단계: 나를 껴안기

3단계: 힘은 몸에서 나온다

4단계: 머리 굴리지 마라

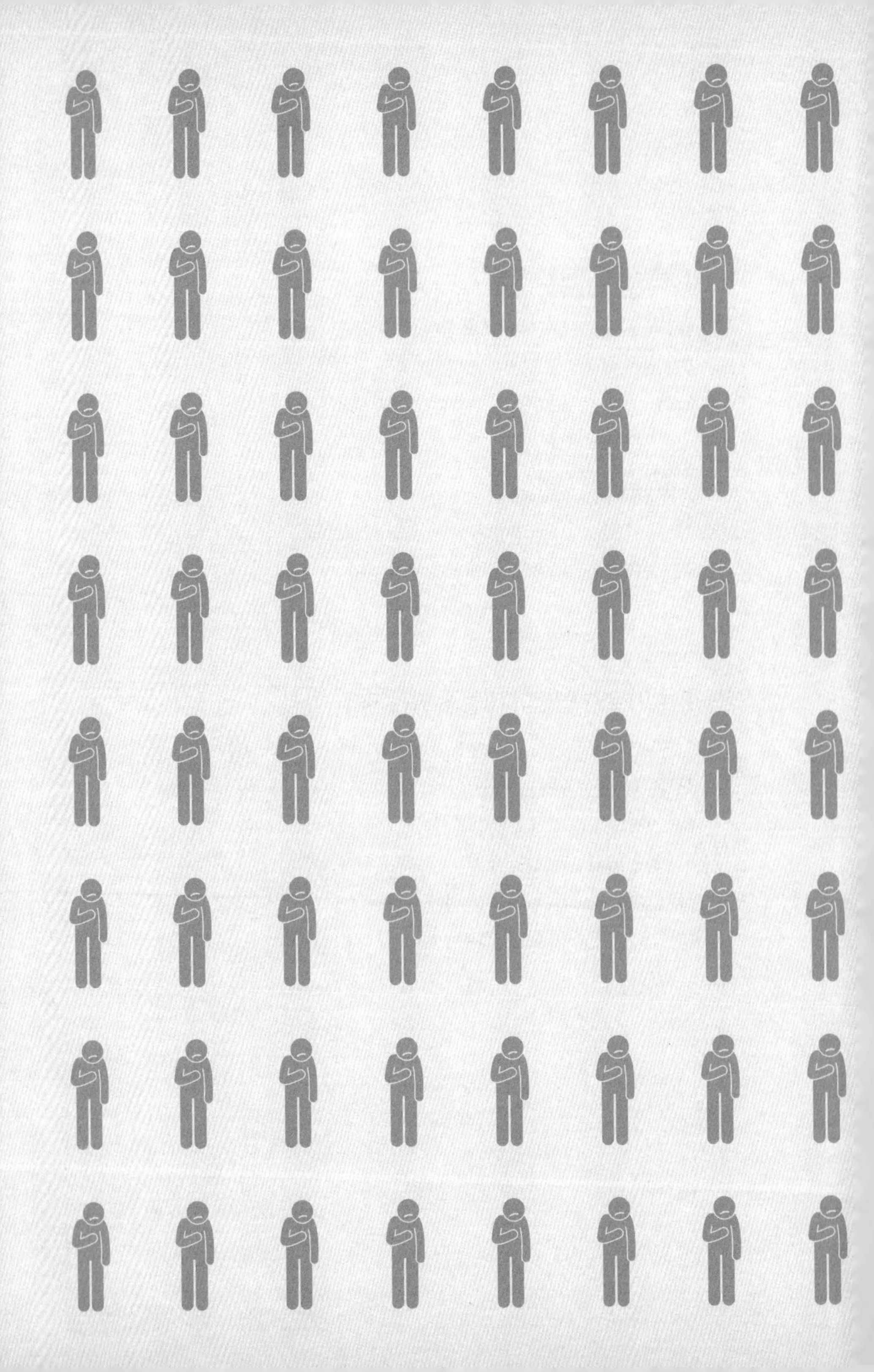

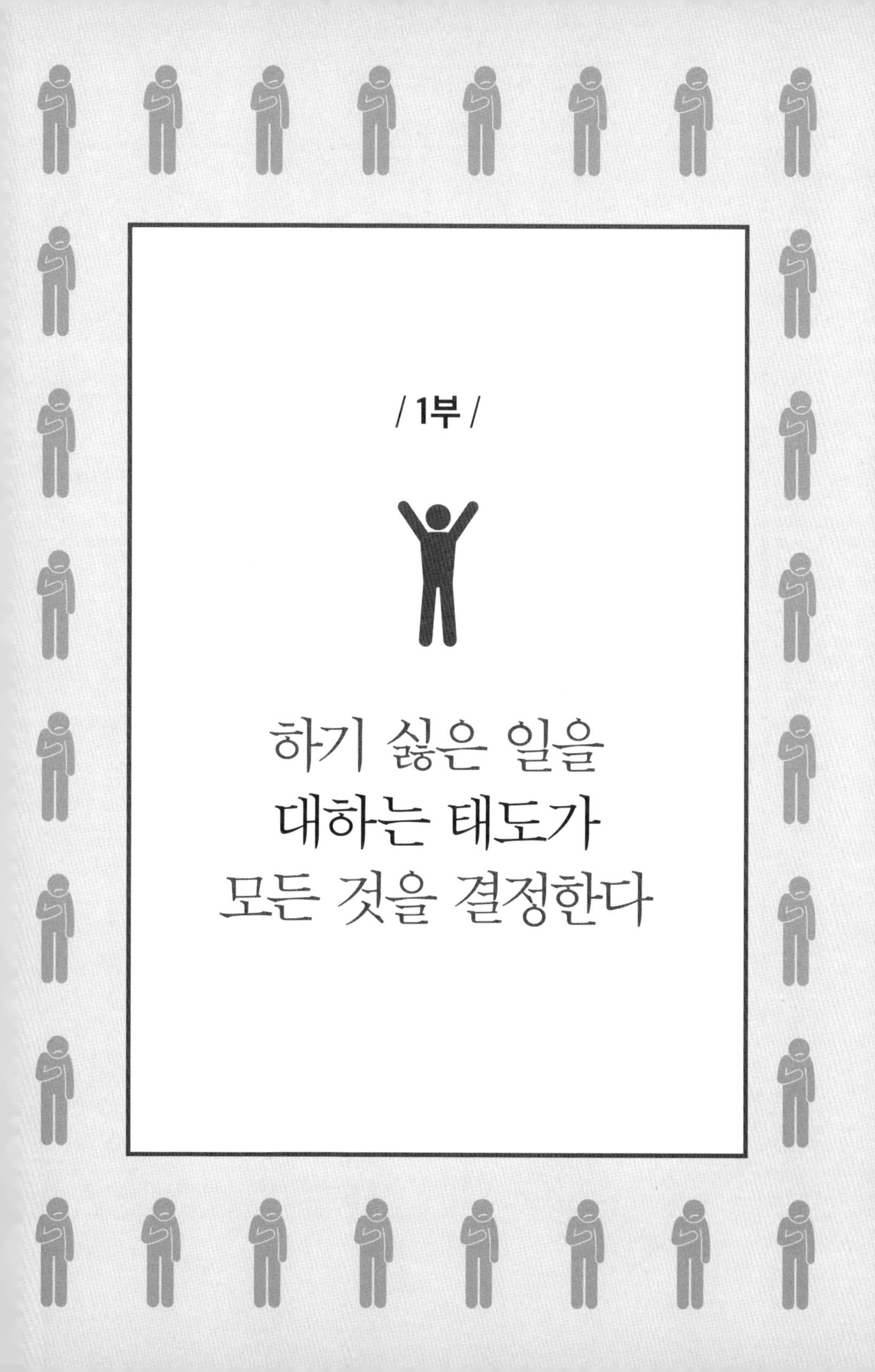

/ 1부 /

하기 싫은 일을
대하는 태도가
모든 것을 결정한다

1장

해야 하는 줄 알면서도 하기 싫은 이유

"창업의 가장 큰 핵심은 포기하지 않고 끝까지 밀고 나가는 것입니다. 만약 매일 같이 한 가지 일을 꾸준히 지속한다면 세상은 차츰 당신을 중심으로 돌아갈 것입니다. 그러나 진득하지 못하게 이 일 저 일 손대는 사람은 평생 세상을 중심으로 돌아야 할 겁니다. 이것이 바로 창업의 핵심입니다."

– 마윈(알리바바 그룹 회장)

이유 1 골치 아픈 게 싫은 게으른 뇌

주식 투자를 곧잘 하는 상사가 있었다. 개미 투자자는 결국 손해 본다는 어른들 말씀과 달리 그 상사는 일정 기간 투자하고 이익을 냈다. 이 익금을 다시 투자하지 않고 상당 부분을 필요한 데 썼다. 중형차를 새로 뽑거나 휴가비를 마련하는 식이었다. 원금과 수익을 분리해서 관리하고, 무리하지 않고 투자한 것이 성공 비결 가운데 하나였다. 그리고 그때는 경기가 꽤 호황이었다. 주식시장 여건도 좋았다. 펀드 투자로 원금을 잃었다는 사람보다 벌었다는 사람이 많았고, 대부분 펀드 하나쯤은 갖고 있었다. 사무실에서도 가끔 주식 얘기가 오갔다. 하지만 나는 주식 거래를 하지 않았다. 기업이나 주식시장에 대해서 잘 알지도 못했고 리스크를 감당할 만한 배포도 없었다. 한두 개 펀드를 갖고 있는 것으로 만족했다.

어느 날, 그 상사가 어떤 기업 주식을 샀다는 말을 들었다. 그 기업이 조금 위태로운 상태지만 앞으로 괜찮아질 거라고 했던 것 같다. 그 순간 무슨 마귀가 씌었는지 갑자기 그 말에 혹했다. 많은 사람이 돈 버는 분위기라서 나도 살짝 들떴던 모양이다. 모의 투자는커녕 기업 분석에 쓰는 용어도 익숙하지 않던 내가 상사가 샀다는 주식을 덜컥 샀다. 그것도 적지 않은 양을…. 분명 제정신이 아니었다. 욕심 마귀에 씐 게 틀림없었다.

몇 주가 지났다. 부침이 있어도 가격이 오르는 추세여야 하는데 낌새가 이상했다. 불안했지만 묵혀두면 언젠가 오르리라는 긍정 마인드로 무장했다. 하지만 상황은 나아지지 않았다. 심지어 그 주식은 상장 폐지됐다. 폭삭 망했다. 누구를 탓하랴!

이상한 낌새를 느꼈을 때 나는 이것저것 알아봐야 했다. 그런 노력조차 하지 않았던 이유는 내가 대단한 낙천주의자였기 때문이 아니다. 고백하건데, 그냥 귀찮아서였다. 기업 분석에 필요한 생소한 용어를 익히려면 꽤 많은 노력을 기울여야 한다. 다양한 자료를 찾아보고 의사결정을 하기란 결코 간단한 일이 아니다. 당시 내가 맡은 업무도 만만치 않았고, 개인적으로 이것저것 신경 쓸 일도 많았다.

그게 말이 되냐고? 힘들게 번 돈이 달린 문제인데, 제정신이냐고? 그렇다. 나는 분명 제정신이 아니었다. 항변을 하자면, 나만 그러는 게 아니다. 적지 않은 사람이 골치 아픈 수고 없이 돈을 벌려고 한다. 경제와 투자에 대해서 조금 안다 싶은 사람을 만나면 다짜고짜 "그래서 올라요? 떨어져요?" "사야 돼요? 팔아야 돼요?"라고 묻는다. 그 사람이 정답을 제시해주기를 바라는 것이다.

하지만 그런 물음에 누가 대답할 수 있겠는가. 같은 상황이라도 개인 성향과 투자 스타일에 따라 관점이 다르다. 가령, 정보 분석과 시장 가격이 불완전하다고 생각하는 사람은 실제 가치보다 싼 상품이 있다고 본다. 시장이 가치를 제대로 알아보지 못하기 때문이다. 이들은 전반적인 경제 상황보다는 기업 실적과 내공 등 기업 자체의 가치 평가에 비중을 둘 것이다. 반면, 시장 가격은 모든 정보와 가치를 반영한다고 보는 사람이라면 실제 가치보다 싼 상품은 없다고 여긴다. 현재 가격은 언제나 합리적이다. 따라서 가격 상승과 하락의 근거가 일리 있는지 아닌지에 그리 관심을 두지 않는다. 추세가 가장 큰 관심사다.

특히 투자 성공을 결정하는 시점은 살 때가 아니라 팔 때다. 나처럼 자기 가치관이나 판단 기준이 없어도 실력 있는 사람을 따라 매입할 수는 있다. 하지만 매도 시점까지 따라 하기는 쉽지 않다. 문제는 거기에 있다. 그리고 이런 사람 앞에 사기꾼이 등장한다.

계약서를 꼼꼼히 읽지 않는 이유

우리는 조금만 골치 아프면 문제를 대충 넘기려고 한다. 생계가 달린 일에서도 그렇다. 몇 년 전 떠들썩했던 프랜차이즈 가맹점 경우도 그런 면이 있다. 가맹사업자와 계약자 관계에는 분명 불합리한 면이 있다. 국회에서도 가맹업자의 일방적 인테리어 변경 요구, 과도한 수수료 등 문제점을 앞다퉈 지적했다. 계약서 형식에도 문제가 있었다. 글씨가 깨알같이 작고 빼곡한 데다 내용도 어렵고 복잡하니, 그런 계약서를 누가 읽겠냐고 문제 제기를 했다. 일리 있다.

하지만 계약자 책임 역시 부인하기 어렵다. 아무리 용어가 생소해도, 또 글씨가 깨알같이 작고 빼곡해도 작심하고 읽으려고 들면 못할 일은 아니다. 완벽히 이해하지 못해도 미심쩍은 부분을 발견할 수 있다. 계약하기 전에 알 만한 지인에게 물어볼 수도 있고, 그런 사람이 없다면 사업 담당자에게 따질 수도 있다.

그런데 그렇게 하지 않는 경우가 많다. 회사 입장을 대변할 수밖에 없는 담당자 설명만 믿고 계약한다. 그들이 회사 측에 유리하게 말하리라 짐작은 하지만, 그냥 흘려버린다. 그러고는 나중에 가슴을 친다.

보험 계약을 할 때도 비슷하다. 보험 역시 계약자에게 불리한 상품이 많다고들 한다. 그런데도 계약서를 꼼꼼하게 읽는 사람은 드물다. 안이하게 상사 따라 주식에 투자했던 내 태도와 큰 차이가 없다.

중국 최대 전자상거래 업체인 알리바바 그룹을 세운 마윈은 말한다. "머리는 쓰라고 있는 거죠. 다른 사람 말에 좌지우지돼서는 안 됩니다. 자기 머리로 생각하고 자기만의 눈으로 문제를 바라봐야 합니다. 누군가가 당신 말에 동의하면 일단 멈추고 생각하세요. 2초도 걸리지 않습니다. 또 누군가가 반대해도 일단 멈춰요. 역시 2초도 안 걸리죠. 자기 머리로 생각하고 판단하는 훈련을 꾸준히 매일 하세요. 어린아이처럼 호기심 가득한 눈으로 세상을 대하고 사람들을 바라봐야 합니다."

마윈은 호기심 가득한 어린아이 눈으로 보라고 하지만, 나는 의심 가득한 눈초리로 보라고 말하고 싶다. 이 의심은 경계심과 다른, '합리적 의심'이다. 경계심은 두려움에서 비롯된 수동적 방어지만 합리적 의심은 스스로 판단하고자 하는 주체적 태도다. 귀찮고 골치 아픈 사안일수록, 그래서 스스로 고민하고 판단하기 싫을수록 합리적 의심이 중요하다.

Solution 전문가 앞에서도 기죽지 않을 합리적 의심이 필요하다

그렇다면, 우리 뇌는 왜 골치 아픈 일을 하기 싫어할까?

영국의 경제학자 노리나 허츠가 실시한 실험을 살펴보자. 금융 관련 의사결정을 해야 하는 사람들의 뇌를 살펴봤더니 전문가 조언을 접했을 때 그들 뇌에서 독립적 의사결정을 담당하는 부위가 멈췄다고 한다. 이런 현상은 심지어 전문가들 사이에서도 나타난다. 정신과 의사, 심리학자, 사회복지사로 가득 찬 강당에서 '의사 교육을 위한 수학적 게임 이론의 응용'이라는 주제로 강연을 열었다. 강연자를 '인간 행동에 수학을 적용'하는 분야의 권위자라고 소개했다. 강연 후 설문에서 참석자들은 강연 내용이 훌륭하다고 평가했다. 사실 강연자는 배우였고 강연 내용은 별다른 의미가 없었다고 한다. 전문가들조차 다른 전문가 앞에서 독립적 의사결정을 담당하는 뇌 부위가 비활성화된다고 하니, 사뭇 충격적이다.

이처럼 뇌는 편한 방향으로 움직인다. 가능하면 낯선 방식을 피하려고 하는 것이 뇌의 특성이다.

그래서 우리는 골치 아픈 일을 하기 싫어한다. 계약서를 눈앞에 두고도 자세히 검토하려고 하지 않는다. 그렇잖아도 어렵고 복잡한 내용인데, 깨알 같은 글자로 빽빽하게 쓰여 있으니, 뇌는 어떻게든 피해 가려고 한다.

고작 계약서를 내 앞에 내민 사람의 설명만 듣고 편하게 결정을 내린다. 그 사람이 전문가이니 알아서 잘 판단해주겠지, 하고 믿고 싶은 것이다. 물론 그 사람은 계약 내용에 대해 잘 아는 사람이다. 너무 잘 알아서 회사 입장을 대변하는 것이 문제이긴 하지만 말이다.

만약 상담을 받을 마땅한 사람이 없다면 적어도 계약 상품을 이용하거나 운영해본 적이 있는 직원이나 지인을 찾는 방법도 있다. 직접 IT 기업을 창업했다가 벤처 투자자로 성공한 비노드 코슬라는 현장 경험이 있는 사람의 조언을 들으라고 강조한다. 대개 카운슬러는 대학교를 졸업하자마자 창업투자자문사에 취직해서 상담 경력만 쌓는다. 자기가 상담해주는 그 일을 직접 해본 사람이 별로 없다. 같은 일이라도 책상에 앉아서 머리로 파악하는 것과 현장에서 몸으로 부딪히며 아는 것은 천지차이다. 귀 담아 들어야 할 내용은 실제로 그 일을 했던 사람의 경험에서 우러나온 조언이다. 그마저도 전적으로 믿어서는 안 된다. 자기 상황이나 성향, 조건에 따라 스스로 판단해야 한다고 코슬라는 강조한다.

갈수록 '과학 사기'도 증가한다. 스탠퍼드 대학 조사에 의하면 과학 논문 2%가 연구 결과나 데이터를 조작했다. 가설에 부합하는 데이터만 고르고 그에 부합하지 않는 데이터를 무시하면 얼마든지 가능하다. 얼마 전 브렉시트 예측이 엇나간 이후, 전문가 의견이 왜 이렇게 부정확한지를 설명하는 의견도 나왔다. 연구비가 필요한 대학이 기부자 의도에 맞는 연구 결과를 제시하는 경향이 증가하기 때문이라는 것이다. 언론 역시 광고주 구미에 맞는 기사를 중심으로 보도할 수밖에 없다.

이제 점점 전문가를 전문가로 볼 수 없는 세상이 되고 있다. 전문가라는 타이틀만 보면 껌뻑 죽는 뇌에게 우리는 이렇게 말해야 한다. '귀찮더라도 한 번만 더 생각해보자!'

이유 2 근사하게 보이고 싶은 허영심

90년대 초반, 대학에서 동양문화 관련 수업을 들었다. 20년이 지난 지금, 수업 내용은 기억나지 않지만 강의를 맡았던 중국어과 교수가 했던 말이 잊히지 않는다. 자신이 학교 다니던 시절엔 중국어 배워 뭐하냐는 얘기를 많이 들었다고 했다. 아마 50~60년대 얘기일 것이다. 당시엔 중국과 우리가 교역하지 않았으니 중국어가 인기가 없었다. 지금은 중국어과 합격 점수가 상위권에 드니 격세지감이라고 했다.

요즘 중국어 인기는 그때보다 더 좋다. 세계 어디서든 중국어가 영어 못지않게 유용하다. JTBC 예능 프로그램 〈비정상회담〉에 출연하는 이탈리아인 알베르토는 중국인 장위안과 여행할 때 영어보다 중국어가 더 소통에 편리하더라고 말했다.

새옹지마가 따로 없다. 이처럼 별 볼 일 없다고 여기던 것이 세월이 지나고 시대가 변하면서 위상이 달라지는 경우가 종종 있다.

내가 일했던 국회에서도 이와 비슷한 현상을 발견한다. 거의 모든 의원실은 행정업무 담당자를 따로 둔다. 행정업무 담당자는 의원의 스케

줄과 정치자금을 관리한다. 그리고 온갖 잡무를 맡아서 처리한다. 대개 9급으로 여자를 고용한다.

나는 처음에 이 일을 했다. 당시까지만 해도 의원 사무실은 대체로 권위적인 분위기였다. 보좌관 만나러 온 손님에게도 차를 대접해야 했고 가끔 개인 심부름도 해야 했다. '이걸 내가 해줘야 하나 말아야 하나? 이번엔 일단 하자. 다음에 또 이런 일을 시키면 그땐 뭐라고 해야 할까?' 그런 고민을 많이 했다. 복사도 자동 분류가 되지 않아 한 장 한 장 따로 했다. 국정감사 기간에는 질의서 준비를 하지 않는데도 제일 늦게까지 남아 있어야 했다. 질의서와 보도자료가 나오면 한 장씩 수십 부를 복사해서 기자들에게 일일이 나눠줘야 했다.

때마다 지역 유지나 의원 지인에게 보내는 선물 포장이나 우편물 발송 작업도 했다. 나 혼자 낑낑대며 애를 쓰고 있어도 다른 보좌진은 도와주지 않았다. 급히 해야 할 일이 없어도 각자 자기 책상에 앉아만 있었다. 마치 그런 허드렛일은 자기 일이 아니라는 듯! 나는 감히 도와달란 말을 못했다. 입만 이만큼 나와서 퉁퉁거리면서 혼자 했다. 싫었다. 소위 '여비서'로 보이는 게 창피했다. 나를 깔보는 것 같았다. 그런 일을 하찮게 보는 사회적 시선도 있었지만 무엇보다 나 역시 내가 하는 일을 하찮게 여겼다.

안 되겠다, 벗어나야겠다! 내가 정책업무를 하기로 마음먹은 건 순전히 콤플렉스 때문이었다. 진학을 했다. 정책업무에 어울리는 전공과 학위를 이력서에 넣기 위해서였다. 스스로 직급도 떨어트려 다시 인턴부터 시작했다. 지금 생각하면 그럴 필요까진 없었지만, 스스로 하던 일을 하찮게 여긴 터라 행정업무 이력으로는 부족하다고 생각했다.

수년의 경력을 뒤로 하고 처음부터 다시 시작했다. 정책업무는 즐거웠다. 하지만 즐거움은 오래가지 않았다. 어느 시점이 지나자 만족도가 급격히 떨어지기 시작했다. 스트레스 강도가 컸고 그 빈도가 잦았다. 결국 오래 못 가 나자빠졌다.

국회에서 십 년 가까이 지내 보니 행정업무가 다르게 보인다. 아닌 게 아니라 실제로 달라지기도 했다. 우선, 물리적 근무 환경이 바뀌었다. 기계기술 발전 덕분이다. 복사기가 첨단이라 한 장씩 복사하지 않아도 된다. 서류 뭉치를 넣으면 복사기가 분류까지 한다. 그러니 굳이 누군가에게 복사를 시킬 필요가 없다. 모든 문서는 네트워크로 교환한다. 본청에서 사무실까지 무거운 예산 자료나 회의 자료 뭉치를 낑낑거리며 옮길 일도 없다.

사람들 의식도 발전했다. 보좌관을 찾는 손님이 방문하면, 보좌관이 직접 음료수 병을 꺼내 들고 대접한다. 행정 비서라고 9급으로만 두지 않는다. 드문 경우지만 오래 일하고 의원이 깊이 신뢰하면 5급으로 승진하는 사람도 있다. 실세가 돼 의원실을 주무르기도 한다. 드라마 〈프로듀사〉에서 예지원이 연기한 역할과 비슷하다. 정치자금 업무는 갈수록 중요하다. 때때로 정치 생명을 좌우하기도 한다. 정치자금에 능숙하면 나름 전문가 대우를 받는다.

무엇보다 오래 일하는 경우가 다른 직종에 비해 많다. 정책업무 담당자에게도 승진 기회가 있지만, 보좌진의 정치 데뷔가 쉽지 않은 현실을 감안하면 실제로 오를 위치가 그리 높지 않다. 게다가 상임위를 바꿀 때마다 정책 인력을 교체하는 경우가 많아서 고용이 더 불안정하다. 특히 요즘엔 높이 올라 많이 받는 일자리보다 적게 받아도 오래 할 수 있는 일자리가 더 실속 있다고 여긴다. 국회 보좌 직원은 별정직 공무원이다. 십 년만 일하면 연금이 나온다. 퇴직 후 연금을 받는 사람은 하위직으로 갈수록 많다. 물론 그런 통계는 없다. 내가 아는 사람 중에서 그렇다는 얘기다. 비교적 단순한 행정업무를 하면서 스트레스 덜 받으며 취미생활에 몰두한 어느 선배는 연금 정년(그때는 이십 년)을 채우고 그만뒀다. 그리고는 취미를 살려 뭔가를 한다는 후문을 들었다.

하찮은 일, 우습게 보지 마라

소박한 내 이야기가 만족스럽지 못하다면, 이번에는 미국의 어느 백화점 CEO 얘기를 들어보자. 그는 대학에서 경영학을 전공하고 백화점에 취직했다. 전공을 살려 경영 관련 부서에 배정받기를 희망했다. 하지만 회사에서는 그를 백화점 현장에 배치해 엘리베이터 안내를 맡도록 지시했다. 크게 실망했지만 열심히 일했다. 차차 현장에서 얻을 수 있는 장점을 발견했다. 고객과 직접 만나면서 구매 심리를 파악할 수 있었던 것이다. 정기 인사발령 시기에 사무직으로 옮겼다. 업무를 하면서 현장 경험을 바탕으로 좋은 성과를 냈다. 얼마 후, 부서 책임자가 됐고 마침내 최고경영자 자리까지 오를 수 있었다.

사람들은 대개 처음부터 근사한 일을 하고 싶어 한다. 뛰어난 업적을 남긴 사람들은 하찮은 일을 하지 않고 처음부터 그럴 만한 일을 했을 것이라고 여긴다. 하찮아 보이는 작은 일을 우습게 여기고 소홀히 한다. 피하려고 이리저리 머리를 굴린다. 하지만 속을 들춰보면 처음부터 근사한 일만 해서 성공하는 사람은 없다.

세상사는 돌고 돈다. 각광받지 못하던 것이 시대가 변하면서 좋은 것이 되고, 좋았던 것이 거꾸로 별 볼 일 없어진다. 영원히 나쁘기만 한 것은 없고 영원히 좋기만 한 것도 없다. 게다가 세상이 변하는 속도가 갈수록 빨라지고 있다. 그러니 남들이 하찮게 여긴다고 거부할 이유가 없다. 이것저것 너무 따질 필요도 없다. 중요한 건 어떤 일을 하느냐가 아니라 즐겁게 오래, 최선을 다하는 태도다. 남의 눈이 아니라 내게 좋아야 어떤 일이든 즐겁게 최선을 다할 수 있다. 그러면 반드시 보상을 받는다.

Solution '수의 정당성'을 버틸 자기 확신이 필요하다

우리는 왜 하찮아 보이는 일을 하기 싫어할까?

길 가던 한 사람이 갑자기 발길을 멈춘다. 그리곤 건너편 빌딩을 올려다본다. 그러자 주위에 있던 행인 42%가 그 사람을 따라 건너편 빌딩을 쳐다본다. 세 명이 빌딩을 보고 있으면, 걸음을 멈추지 않더라도 행인 60% 이상이 그쪽으로 고개를 돌린다고 한다. 미국 심리학자 밀그램이 뉴욕 번화가에서 진행한 실험 관찰이다.

심리학에서는 이런 현상을 '수의 정당성'이라고 말한다. 무엇에 대해서 확신하지 못할 때는 수가 많을수록 사회적 정당성이 있다고 믿는 심리 현상이다. '수의 정당성'이 작동하는 데 필요한 최소 인원은 세 명이다. 세 명 정도는 돼야 수가 많다는 인상을 주기 때문이다.

이 이론은 마케팅에 이용되기도 한다. 어느 식당 앞에서 두세 명이 기다리고 있으면 사람이 점점 모여 긴 줄을 이룬다. 앞 사람에게 이 집이 맛있냐고 물어보지도 않는다. 설사 물어도 돌아오는 대답은 "그런 것 같다"는 애매한 말일 것이다. 그래도 좀처럼 물러서지 않는다. 형편없지만 않다면 그 식당은 머지않아 맛집 유명세를 얻을 것이다. 작은 식당이 장사에 유리하다는 말이 나온 데는 이런 이유도 작용한다.

우리는 자연스럽게 다른 사람을 따라 한다. 다른 사람이 먹는 것, 고르는 것, 관심을 갖는 것, 맛있다고 하는 것을 먹고 싶어하고, 갖고 싶어한다. 너도나도 나만의 개성을 추구하고 싶다고 말하면서도, 남다른 선택을 한 소수가 아니라 같은 선택을 한 다수가 되고자 한다. 그것이 본능이다.

남을 의식하고 따라 하는 게 나쁜 것만은 아니다. 《도덕감정론》에서 애덤 스미스는, 다른 사람이 하는 보기 좋은 행동을 따라 하고 싶어하고, 바람직하지 않아 보이는 행동을 하지 않으려고 경계하는 덕분에 사회에 질서가 생긴다고 말한다. 또 여럿 가운데 하나가 됨으로써 인간은 유대감과 안정감을 갖는다.

하지만 남들을 살피고 남들을 따라 하면서 살다 보면 나 자신을 알 수가 없다. 내가 정말 좋아하는 것은 무엇인지, 내가 무엇을 원하는지도 모른다.

남을 의식하는 건 자연스러운 '반응'이다. 반면, 내게 관심을 두려면 의도를 갖고 신경을 써야 한다. 그 당연한 '반응'에 제동을 걸려면 의식적으로 나를 살펴야 한다. 자연스러운 '반응'을 넘어 의식적 노력을 기울여야 하기 때문에 잘 잊는다.

그래서 실제로 내 욕망에 대해 의식적으로 생각하고 행동하는 사람은 드물다. 나 자신을 알지 못하니, 남들이 좋다고 하면 내게도 좋은 것이라고 여길 수밖에 없다.

보잘것없어 보이는 일을 하기 싫은 이유도 여기서 찾을 수 있다. 수가 많을수록 사회적으로 합당하고, 중요한 것이라고 믿는 '수의 정당성' 개념을 뒤집어보자. 그러면 수가 적을수록 가치 있는 일이 아니라고 생각하게 된다. 사람들이 쉽게 생각하는 일, 사람들이 주목하지 않는 일은 별로 가치 없다고 여기는 것이다. 가급적이면 많은 사람에게 인정받고 관심받는 일을 하고 싶지, 알아주는 사람도 없는 일을 누가 하고 싶겠는가?

게다가 인정받는 일을 하는 사람을 가치 있는 사람이라고 여기는 경우도 많다. 일에다 자기 정체성을 부여하면 더더욱 하찮아 보이는 일을 외면하고 싶다. 사회 초년 시절 '여비서'로 보이는 걸 싫어했던 나처럼.

나는, 사람들이 나를 하찮은 사람으로 여긴다고 느꼈다. 내가 초라한 건 (사람들이 초라하다고 생각할 것 같은) 초라한 일을 하기 때문이고, 내가 대견한 건 (사람들이 대단하다고 생각하는) 대단한 일을 하기 때문이라고 생각했다. 내 자질이나 내가 좋아하는 게 무엇인지는 중요하지 않았다. 내 존재의 가치가 타인에게 달려 있다고 여겼기 때문이다.

그 일이 진짜로 소홀히 해도 되는 하찮은 일인지, 따져볼 필요가 있다. 가령, '페이지터너'를 보자. 음악 공연을 할 때 우리는 연주자만 주목한다. 하지만 연주자 옆에는 악보를 넘기는 사람이 있다. '페이지터너'는 화려한 옷을 입어서도 안 되고 소리를 내서도 안 된다. 묵묵히 페이지만 넘겨야 한다. 관객과 연주자가 페이지터너의 존재를 알아채지 못할수록 유능한 페이지터너다. 언뜻 보기에 아주 작은 일이다.

그런데 역할은 결코 작지 않다. 연주자가 원하는 딱 그 시점에 악보를 넘기느냐 아니냐에 따라 연주 질이 달라진다. 만약 페이지를 제때 넘기지 못하거나 떨어트리거나 페이지를 넘기면서 연주자를 방해하면 공연을 망친다. 페이지터너는 음악 전공자여야 할 만큼 곡과 연주자를 잘 이해하고 있어야 한다. 고작 페이지를 넘길 뿐이지만 보기와 달리 자격 요건이 만만치 않다.

그러니 세상에 하찮다고 할 수 있는 일이 어디 있겠는가? 오직 자기 자신만이 자기 일을 하찮게 여길 뿐이다.

이유 3 뭐든 단박에 얻고 싶은 욕심

세계화 시대다. 많은 사람이 외국어 때문에 골머리를 앓는다. 몇 년 전, 나도 영어 회화 학원을 다녔다. 학원이 대학교 앞에 있어서 수강생은 대부분 학생이었다. 앳된 얼굴 사이로 종종 중장년 주부도 보였다. 취업할 것도 아닌데 영어 공부를 왜 하느냐고 그들에게 물으면 하나같이 이렇게 대답했다. "영어는 내 인생의 과제다." 나도 그 가운데 한 명이었다. 영어 공부는 30년 전에 시작했지만 늘 가슴 한구석에 숙제로 남아 있다.

외국어 공부는 왜 이렇게 힘든 걸까? 작가이자 강연가로 활동하는 스콧 영Scott Young과 대학원생 뱃 제이스월Vat Jaiswal은 외국어를 익히는 우리의 행태를 바닷가에서 헤엄치는 모습으로 설명한다.

해안가 근처는 파도가 육지에 부딪히기 때문에 바다로 나아가는 데 저항이 크다. 그 저항을 뚫고 완전히 나가면 거센 파도가 사라져 편안하게 수영을 즐길 수 있다. 외국어 배우는 원리도 이와 같다.

〈그림 1〉은 외국어 학습을 어려워하는 사람들의 모습과 같다. 해안가에 부딪히는 거센 물살은 외국어를 배울 때 뇌에서 저절로 작동되는 모국어다. 머릿속에서 뱅뱅 맴도는 모국어가 외국어로 말하는 걸 방해하기 때문에 실력 향상이 지지부진하다. 그걸 모르고 방법 탓을 하며 다른 공부법을 찾는다. 드라마 대본을 따라 하다가 소설책을 읽기도 하고, 문법 공부를 하기도 한다. 사람들이 효과를 봤다는 방법을 이것저것 시도하다가 지쳐서 포기한다. 한참 지나서 문득 이래서는 안 되겠다 싶어

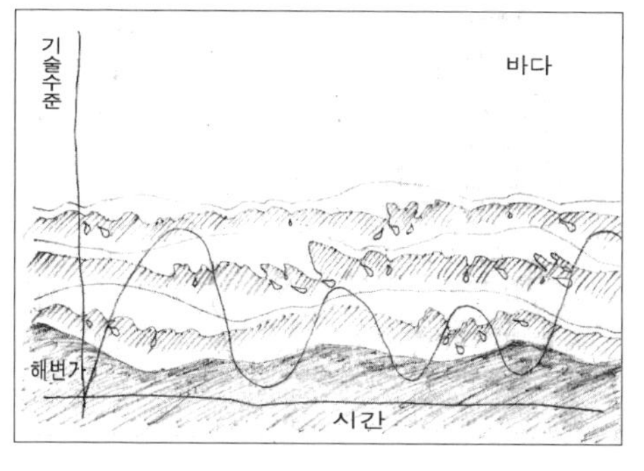

〈그림 1〉

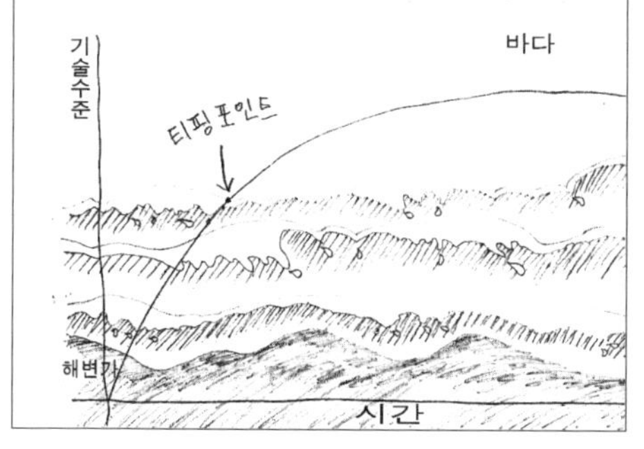

〈그림 2〉

다시 공부를 시작한다. 계속 해안가 근처를 벗어나지 못하고 용만 쓰는 것이다.

비단 외국어 공부에만 해당하는 현상이 아니다. 일하는 태도에서도 비슷한 모습을 발견한다. 야심차게 일을 시작한다. 처음엔 재미있고 잘 되는 것 같다. 시간이 좀 지나면 일이 잘 안 풀리는 때를 만난다. 여건이 꼬이는 경우도 있고 자기 역량의 한계를 느끼는 경우도 있다. 해안가에서 조금 헤엄쳤는데 곧 거센 파도를 만나 앞으로 나아가지 못하는 모양새다. 이 답답한 상황이 괴롭고 싫다. 빨리 벗어나 쭉쭉 전진하고 싶다.

이리저리 머리를 굴리기 시작한다. '내가 잘못 선택했구나, 이 길은 아닌가 봐! 이거 말고 다른 일을 해봐야겠어!' 기회를 엿보다가 다른 방향으로 헤엄치지만 거기서도 곧 파도를 만난다. 또 다른 길을 찾아 돌아간다. 파도를 피하려고 왔다 갔다 헤엄치지만 계속 해안가를 맴돌 뿐이다. 있는 대로 애를 쓰면서 말이다.

이 난관을 극복하는 방법이 〈그림 2〉이다. 가능한 빨리 평온한 바다로 나아가기 위해서 최대한 '직선'으로, '곧장' 물살을 뚫는 전략이다. 마지막 물살을 뚫는 그 지점이 티핑포인트다. 티핑포인트를 지나면 마침내 해안가를 벗어난다.

연구자들은 실험 영상을 보여준다. 모국어를 차단하기 위해서 3개월 동안 다른 언어를 쓰는 나라에 머물렀다. 그동안 한 번도 모국어를 쓰지 않았다. 처음에 실험참가자들은 아무 말도 못했지만 3개월 후에는 현지인과 자연스럽게 대화를 했다.

외국어를 익히는 문제에서 파도는 모국어다. 모국어를 벗어나기 위해서는 최소 3개월 동안 외국어를 지속해야 하는데, 이때 중요한 건 모국어를 사용하고 싶은 유혹에 넘어가지 않는 힘이다. 습관을 고치는 문제라면 파도는 기존 습관이다. 습관을 바꾸기 위해서는 최소 몇 개월 동안 새로운 방식을 지속해야 하며, 이때 중요한 건 기존 습관대로 하고 싶은 유혹에 넘어가지 않는 힘이다. 어떤 일을 성취하고자 한다면 파도는 다양한 유형의 난관일 것이다. 난관에서 벗어나기 위해서는 티핑포인트에 이를 때까지 그 일을 계속해야 한다. 이때 중요한 건 그만두고 다른 일을 하고 싶은 유혹에 넘어가지 않는 힘이다. 임계점에 다다를 때까지 꾸준히 한 가지 일을 지속할 때 가장 빨리 잔잔한 바다로 나아갈 수 있다.

성공하고 싶다면 버스에서 내리지 마라

18세기에 활동했던 일본의 전설적 관상가이자 사상가인 미즈노 남보쿠는 자기에게 어울리는 직업이 뭐냐고 묻는 사람에게 광주리에 갇힌 개구리 얘기를 들려준다.

"대나무 광주리는 안에서 보면 사방팔방 구멍이 다 뚫려 있으니 미련한 개구리는 자기가 그 많은 구멍으로 다 도망갈 수 있을 것처럼 생각한다오. 그래서 이 구멍으로 가려다 안 되면 저 구멍으로 나가려 하고, 계속 다른 구멍을 찾으면서 헤매기만 하다가 결국 제풀에 나가떨어져 광주리에 갇히게 되는 것이오. 현명한 개구리는 조금이나마 더 큰 구멍으로 필사적으로 탈출을 시도한다오. 상처가 생기고 머리에 피가 흘러도 한 구멍만을 판 개구리는 빠져나올 수 있소."

그는 처음부터 자기 뜻대로 되는 일은 없다고 잘라 말한다. 성공하지 못하는 이유는 재능이 부족해서가 아니라 작은 실패를 할 때마다 쉽게 다른 일로 갈아타기 때문이라는 것이다. 심지어 바보라도, 무엇이든 꾸준히 심혈을 기울이면 성공 문이 열린다고 강조한다.

미즈노 남보쿠가 21세기에 되살아난 듯 그와 똑같이 말하는 사람이 있다. 알리바바 그룹 회장 마윈이다. 창업 개념을 설명하는 자리에서 그는 이렇게 말했다.

"많은 사람이 창업에 대해 이야기합니다. 오늘은 저한테 와서 이러이러한 사업 아이템이 어떤지를 물어봤다가 내일은 또 저러저러한 기회가 있는데 어떨 것 같은지 묻는 사람들이 있습니다. 사실 창업의 가장 큰 핵심은 포기하지 않고 끝까지 밀고 나가는 것입니다. 만약 매일같이 한 가지 일을 꾸준히 지속한다면 세상은 차츰 당신을 중심으로 돌아갈 것입니다. 그러나 진득하지 못하게 이 일 저 일 손대는 사람은 평생 세상을 중심으로 돌아야 할 겁니다. 이것이 바로 창업의 핵심입니다."

독창성이 중요한 분야는 어떨까? 요즘에는 특히 개성과 독창성이 성공의 중요한 요소로 간주된다. 나만의 특별한 아이템과 전략이 없다면 그 일에서 일찌감치 손을 떼는 게 낫지 않을까? 안 될 일이라면 한시라도 빨리 마음을 접고 다른 길을 찾는 게 낫지 않을까?

"성공하고 싶다면 버스에서 내리지 마라." 핀란드 출신 유명 사진작가 아르노 라파엘 밍킨넨이 학생들에게 한 말이다. 그가 언급한 버스는 헬싱키에 있는 한 시외버스 터미널에서 출발한다. 터미널에서 1km 정도까지 모든 버스의 정류장 노선이 똑같다. 1km를 벗어날 때까지는 어느 버스를 타든 같은 길을 거쳐야 한다. 그다음부터는 제각기 다른 길로 접어든다.

사진작가가 되기로 마음먹고 나서 처음 3년 동안은 제아무리 노력해도 다른 대가의 작품 분위기에서 벗어난 결과물을 만들기 어렵다고 그는 말한다. 그때마다 스타일을 바꾸는 것은 같은 노선을 지나는 버스를 계속 갈아타는 꼴이다. 결코 시내를 벗어나지 못한다.

개성과 독창성을 발휘하려면 버스를 갈아타지 말고 그냥 있어야 한다. 꽉 막힌 시내를 지나야 하는 답답함, 의구심에서 오는 불안함, 익숙하고 뻔한 광경을 지켜봐야 하는 지루함이 밀려올 것이다. 그런 기분이 다른 버스를 타고 싶은 욕망을 충동질한다. 그 충동적 욕망이 시키는 대로 해서는 안 된다.

성공은 다름이 아니라 그만두고 싶은 마음을 다스리는 데 있다. 꾸준히 시간을 쌓는 것이 자기 잠재력을 실현하는 길이다.

Solution 헛수고를 감수할 배포가 필요하다

우리는 왜 한 가지 일을 꾸준히 못할까? 왜 자꾸 조바심을 낼까? 일이 잘못될지도 모른다는 불안감, 비슷한 환경이나 작업에 금세 싫증을 내는 성향 탓도 있겠지만, 그보다 더 큰 이유는 욕심 때문이다. 손쉽게 원하는 걸 얻으려 하고 조금도 손해 보지 않으려는 심보 때문이다.

욕심이란 비단 분수 이상으로 많이 가지려는 마음만이 아니다. 나쁜 짓을 하고 그에 합당한 값을 치르지 않으려 하거나 노력보다 좋은 결과가 빨리 나오기를 기대하는 태도도 모두 욕심이다. 무엇이든 쉽고 편하게 얻을 수 있는 길이 있다면 몸과 마음은 그곳으로 향한다. 쉬운 방법이 없을까? 좀 더 확실한 방법이 없을까? 자꾸 머리를 굴리고 이

일 저 일 집적거리게 되는 것이다. 여기에 손해 보기 싫어하는 심보도 작용한다.

빈민가에 사는 소년이 있었다. 축구를 놀이 삼던 동네 아이들은 소년을 가난하다고 따돌렸다. 어느 날, 혼자 흙장난하던 소년 앞으로 공이 떨어졌다. 축구 하던 아이가 찬 공이 실수로 날아간 것이었다. 무덤덤하게 공을 바라보던 소년은 아이들 쪽으로 힘껏 공을 찼다. 그 순간, 소년은 생전 처음 희열 같은 것을 느꼈다. 축구선수가 되겠어!

간신히 축구팀에 들어갔지만 그는 여전히 외톨이였다. 동네 아이들이 그랬던 것처럼 동료들도 가난한 그를 따돌렸다. 그에게 패스 한 번 해주지 않았고 연습이 끝나면 운동장에 혼자 남아 축구공을 닦아야 했다. 고달프고 힘겨운 생활이었지만 최선을 다했다. 이쯤 되면 하늘도 감복할 만하지 않을까?

"이제는 운동을 할 수 없습니다." 의사가 말했다. 이게 무슨 소린가? 그토록 노력한 그에게 좋은 기회를 줘도 모자랄 판에 아예 운동을 그만둬야 하는 상황이 생기다니! 그의 심장이 정상보다 두 배 이상 빨리 뛰었던 것이다. 수술하면 어느 정도 나아질 수는 있지만 정상인처럼 되기는 어려운 지경이었다. 그는 현실을 부정하고 싶었다.

유일한 희망으로 삼았던 꿈이 무너지는 순간이었다. 그동안 동료들의 따돌림과 조롱, 차별을 이 악물고 견디며 노력해왔는데, 그 모든 것이 물거품이 되고 말았다. 수년 동안 얼마나 공을 들였는데, 그게 전부

헛짓거리가 되는 거란 말이야? 상실감에 가슴이 미어졌다. 그동안 들인 시간과 노고를 생각하면 손해가 이만저만이 아니었다.

'차라리 팀원들이 공을 패스해주지 않을 때 일찌감치 그만두고 다른 일을 찾아볼 걸! 어차피 축구는 혼자 할 수 없는 운동인데 따돌림 당하는 상황이라면 애초에 내 길이 아니었는지도 몰라!'

이익보다 손해에 더 민감해서 생기는 일

실패할 때 또는 앞이 보이지 않을 때 우리가 쉽게 다른 일을 찾는 가장 큰 이유는 바로 이처럼 허탈한 경우를 당하기 싫어서다. 죽을힘을 다해 열심히 노력했는데, 기를 써서 이만큼 왔는데, 이 길이 아니라면? 그러느니 아닐 것 같은 기미가 보이면 일찌감치 다른 길을 가는 게 괜한 헛수고를 하지 않는 '경제적인' 선택이라고 생각하는 것이다.

손해 보지 않으려는 심리를 행동경제학에서는 손실회피성향이라고 부른다. 이런 태도 때문에 투자 세계에서는 엉뚱한 현상이 생기기도 한다. 손실이 불가피한데도 보유한 주식을 팔지 않는 것이다. 매도를 하기 전까지는 손해가 실현된 게 아니기 때문이다. 미루고 미루다가 손실이 감당할 수 없을 정도로 커지면 그제야 울며 겨자 먹기로 매도한다. 손실이 났을 땐 재빨리, 이익이 날 땐 느긋하게 파는 게 합리적 대응이다. 그런데 실제로는 대부분 그 반대로 행동한다. 이익이 나면 조금 더 기다리지 못하고 성급하게 팔아버린다.

손실을 회피하려고 하다가 도리어 더 손해를 키우고, 기다리면 더 큰 이익을 볼 수 있는데도 작은 이익에 만족하는 비합리적 행태를 보면, 인간은 이익을 얻을 때 느끼는 긍정적 감정보다 갖고 있던 것을 잃을 때 느끼는 부정적 감정에 더 민감하다는 것을 알 수 있다. 이 성향은 삶에도 적용된다. 좋았던 기억보다 고생하고 힘들었던 기억이 더 오래 남지 않던가? 여행하면서 고생했던 경험은 다른 어떤 기억보다 인상 깊은 추억으로 남는다. 부정적 감정에 민감한 반응을 보이는 손실회피성향 때문에 그 경험을 더 강하게 기억하는 것이다.

좋았던 기억보다 괴로웠던 기억이 더 오래 강하게 남는 건 우리가 안락보다 고생에 더 민감하기 때문이다. 그래서 대부분의 인간은 일생 동안 손실이나 위험, 고생을 피하려고 도망 다니는 삶을 산다. 반면 본능을 따르지 않고, 두려움이나 고통에 정면으로 맞서는 소수의 사람이 성공을 거머쥔다.

빈민가 소년은 어떻게 됐을까? 그는 오기를 부렸다. 그저 뛸 수 있는 것만으로도 고맙게 여기면서 수술과 재활치료를 받았고, 더 강도 높은 훈련을 했다. 마침내 꿈에 그리던 데뷔 경기를 치렀다. “심장이 터져도 좋다.” 죽을 각오를 하고 뛰었다. 얼마 후, 그는 세계 최고 구단 ‘맨체스터 유나이티드’ 일원이 된다. 그 소년은 바로 크리스티아누 호날두다. 그는 말한다. “모든 것을 포기하고 하나에만 집중하면 성공한다. 하지만 사람들은 그렇게 하지 않는다.”

이유 4 실패에 대한 두려움

많은 사람이 자기가 해야만 하는 일이라는 걸 알면서도 주저하고 미룬다. 미루는 습관을 바꾸고자 하는 염원은 인류의 영원한 숙제라고 해도 과언이 아닐 듯하다. 미루는 습관을 변화시키기란 왜 이토록 힘이 들까?

최근 뇌과학 연구에 따르면, 미래의 나를 생각할 때 활성화되는 뇌 부위가 자신이 아니라 타인을 생각할 때 활성화되는 부위와 같다고 한다. 우리는 미래의 나를 타인처럼 여기는 것이다. 때문에 책임을 덜 느끼고 자꾸 미루게 된다.

하지만 이런저런 원인 가운데 가장 큰 이유는 준비되지 않은 느낌 때문일 것이다. 어떤 일이든 한번 시작하면 완벽하게 해야 한다는 생각이 든다. 잘하고 싶은 일일수록 더 그렇다. 결과가 내 성에 차야 한다고 생각한다. 그러기 위해서는 필히 준비를 완벽히 해야 할 것 같다.

나는 대학 때부터 그리고 직장을 다니면서도 무엇을 할까 끊임없이 진로를 고민했다. 유학에서부터 관세사, 감정평가사, 변호사 등 각종 자격증 시험을 고려해봤다. 국회에서 일할 때는 입법고시까지 생각했다. 그릇 임대사업 아이디어도 있었다. 대부분 시험을 치르는 방법을 생각해봤는데, 여러 가지 시험을 생각할 때마다 어떤 책으로 어떻게 공부하는 게 가장 적은 비용으로 가장 빨리 합격할 수 있는지 완벽히 알려고 했다. 합격 수기, 공부 방법을 알아보고, 가장 저렴하게 좋은 교재를 구입하는 방법을 찾느라 진을 뺐다. 공부는 그 모든 것을 갖추고 나서 시작해야 한다고 믿었다.

어렵고 힘든 과정을 버틸 각오도 필요했다. 나는 각오를 그 일에 도전할 준비의 완성이라고 여겼다. 도전에 대한 확신을 갖기 위해서 매번 부모님이나 지인에게 의견을 물었다. 돌아오는 대답은 "하기만 하면 좋지, 할 수 있으면 해봐"라는 식의 시큰둥한 반응이었다. 나는 늘 불만이었다. '내가 자신감을 가질 수 있도록 확실하게 격려해주면 안 돼?'

얼마 후, 꿈꾸던 일에 대한 의지는 흐지부지 사라졌고, 또다시 다른 일에 관심을 두곤 했다.

많은 사람이 나처럼 어떤 일을 할 준비가 완벽히 됐다는 느낌이 들기를 기다리면서 동시에 자꾸만 이런저런 아이디어를 생각하곤 한다. 그리고 타인에게 물어보며 동의를 구한다. "이 아이디어 어때? 괜찮아? 성공할 것 같아?" "내가 이거 하면 어떨까? 잘할 수 있을 거 같아?" 확신도, 자신감도 없으니 누군가가 "이제 시작해도 되겠어. 어서 시작해봐!"라고 출발 신호를 내려주기를 기다리는 것이다.

불안장애를 연구하는 뉴질랜드 임상심리학자 보이어스Boyes 박사는 이런 현상의 원인을 불확실성에 대한 인내력 부족과 실패에 대한 두려움이라고 말한다. 조급함과 두려움 때문에 실제로 아무것도 해보지 않고 계속해서 아이디어만 생각하게 된다는 것이다.

그녀는 최악의 상황이 발생했을 때 어떻게 대처할지 방안을 미리 마련하라고 조언한다. 간단한 일이라면 그것도 좋은 방법이다. 하지만 최악의 상황을 수습할 방안을 마련하는 게 어떤 면에서는 그 일 자체보다 더 머리 아프고 어렵다. 그걸 생각하다가 시작하기도 전에 의욕이 꺾일 지도 모른다.

차라리 그냥 용기를 내는 것이 더 낫다. 우리는 언뜻 용기를 아무것도 두려워하지 않는 마음이라고 여긴다. 아무것도 두렵지 않다면 그냥 하면 되지 굳이 용기가 왜 필요하겠는가? 용기란 '두려움을 인정하고 내버려둔 채' 자기 뜻을 밀고 나가는 자세다.

불안과 두려움을 없앨 수 있는 방법은 오직 시작뿐이다. 실패 대안을 마련하고 어쩌고 아무리 해도 시작하지 않는 한 불안과 두려움은 결코 사라지지 않는다.

두려움을 용기로 바꾸려면

최근 기업 경영에서 주목받는 새로운 문화가 있다. '애자일Agile'이다. 완벽하게 준비하고 나서 실행하거나 제품을 내놓는 게 아니라 아이디어가 좋으면 실행부터 하는 방식이다. 당연히 실패한다. 이때 단념하는 게 아니라 실패 원인을 찾고 개선하면서 제품을 완성해가는 것이다.

세계 최초 비행으로 알려진 라이트 형제의 연구 개발 방식도 '애자일'이었다. 당시 무려 17년 동안이나 정부 지원을 받으며 비행기 개발에 매달렸던 과학자가 있었다. 물리학자 사무엘 폰 랭리다. 랭리 박사는 비행 실험에 실패했다. 9일 뒤, 라이트 형제의 비행기가 최초 동력 비행에 성공한다.

자전거 점포를 운영하던 라이트 형제는 랭리 박사와 달리 고작 4년 만에 성과를 냈다. '애자일' 방식 덕분이다. 랭리 박사는 완벽한 개발이 이루어질 때까지 연구실 책상에서만 작업했다. 반면, 라이트 형제는 기본만 갖췄다 싶으면 무조건 밖으로 나갔다. 언덕에서 직접 비행기를 띄우면서 미비점을 보완했다. 한 번 언덕에 갈 때마다 적어도 다섯 번은 충돌하리라 예상했다고 한다. 그들은 아예 처음부터 실패를 기정사실화하면서 받아들였다.

작가에게도 두려움이 있다. 글을 쓰던 그림을 그리던 흰 종이를 볼 때 생기는 감정이다. 첫 단어를 쓰거나 또는 첫 획을 긋는 데는 늘 용기가 필요하다. 흰 종이는 무한한 가능성을 갖고 있지만 그만큼 불확실성으로 가득하기 때문이다. 능숙함이나 노련함은 어찌 보면 그 시작을 얼마나 거리낌 없이 하느냐에 있다고도 볼 수 있다. 시인 정호승은 이렇게 말한다. "무엇을 시작하기 충분할 만큼 완벽한 때는 없다."

다른 사람의 지지도 쉽게 얻어지지 않는다. 누구나 처음은 서툴기 때문이다. 실력이 부족하기 때문에 인정을 받기 어렵다. 도스토예프스키는 20년 동안 잡동사니만 쓴다는 소릴 들었고, 헤밍웨이 역시 유명해지기 전까지 재미없게 쓴다는 평을 들었다고 한다.

사정이 어떻든 일단 시작하고 보자는 마음가짐이 중요하다. 밥이 아니라 죽이 돼 버릴 것 같지만 그래도 할 수 없다. 처음엔 안 되는 게 맞다! 처음엔 실패하는 게 정답이라고 생각하면 부담이 사라진다. 라이트 형제처럼 실패를 처음부터 받아들이는 것이다. 일단 시작하기만 하면, 단언컨대 처음 겁먹었던 것만큼 힘들지 않다.

시작은, 불확실성 속으로 뛰어드는 것이다. 언제나 누구나 불안할 수밖에 없다. 아무리 준비해도, 시작을 미루면서 기다려도 시작하지 않는 한 불안과 두려움은 절대로 사라지지 않는다.

Solution 불확실성을 편안하게 여기는 새로운 관점이 필요하다

우리는 왜 자꾸만 완벽한 때를 기다리는 걸까? 첫째, 잘하고 싶은 욕심 때문이다. 둘째, 두려움 때문이다. 생각대로 되지 않고 실패할까 봐 지레 겁을 집어먹는 것이다.

우선, 잘하려는 마음이 왜 욕심일까? 잘하고 싶으면 최선을 다하면 된다. 주저하게 되는 건 잘하고 싶은 마음에 비해 지금 내 실력이 부족하기 때문이다. 욕심은 바로 여기서 드러난다. 내 실력보다 좋은 결과를 얻고 싶은 것이다. 내 실력이나 노력이 조금 부족해도 결과는 그보다 좋길 바라는 마음이 욕심 아니고 무엇이겠는가?

내 실력보다 좋은 결과를 바라는 마음이 있으니 자연히 긴장하게 된다. 실력과 욕심 사이 그 간극만큼 마음이 무거워지고, 그 무거운 마음으로 인해 시작을 미루게 만든다.

사실 준비가 덜 됐다는 건 핑계다. 완벽한 준비를 하자면, 끝이 없다. 또, 실력보다 좋은 결과를 바라는 마음을 접지 않으면 실력이 아무리 쌓여도 기대치 역시 그만큼 높아져서 언제나 부족하게 느낄 수밖에 없다. 무엇을 시작하기에 완벽한 때가 오겠는가?

막연한 두려움은 어디서 오는 것일까? 지레 겁먹는 것이 합리적이지 않다는 것을 알아도 마음은 두려움을 쉽사리 떨쳐내지 못한다. 뇌가 실수와 실패를 성공보다 열 배 더 강하게 그리고 오래 기억하기 때문이다. 우리가 이익을 얻을 때 느끼는 긍정적 감정보다 손실을 볼 때 느끼는 부정적 감정에 훨씬 민감하듯이 말이다. 또 뇌는 기본적으로 사물을 나쁜 쪽으로 보려는 경향이 있다.

연약한 인간이 결코 녹록치 않은 자연 생태계에서 살아남으려면 늘 주의하고 조심해야 했다. 미심쩍은 것, 불확실한 상황은 우선 부정적으로 받아들이고 경계해야만 자신과 가족을 보호할 수 있었다. 무려 6억 년 동안 이런 생활을 했으니 부정적 신호에 민감하게 반응하고, 일단 부정적으로 생각하고 보는 태도가 본능이 된 것이다.

세계적 뇌 과학자 릭 핸슨은《행복 뇌 접속Hardwiring Happiness》에서 부정적인 뇌의 성향 때문에 인간은 유독 부정적 경험에 좌지우지되기 쉽다고 말한다. 부정적인 경험 하나에서 벗어나려면 적어도 다섯 번 이상 긍정적 경험이 필요하다고 할 정도다.

시작하기도 전에 부정적인 진행 상황을 예상하면서 완벽하게 준비될 어느 날을 기다리는 것은 본능적 태도다. 그렇다고 해서 이대로 두려움에 떨며 아무것도 못하고 살 수는 없다. 여전히 불확실한 시대이기는 하지만, 적어도 수시로 물리적 생존 위협을 받는 일은 더 이상 없다. 맹수의 습격을 받거나 기근으로 목숨을 잃는 일은 이제 일어나지 않는다.

대신 다른 종류의 불확실성이 커지고 있다. 갈수록 빠르게 세상이 변하면서 이전에 알지 못했던 새로운 현상이 쏟아져 나온다.

비근한 예가 인공지능이다. 바둑기사 이세돌에게 압승을 거둔 알파고를 지켜봤듯이 인공지능은 비약적으로 발전하고 있다. 머지않아 우리가 하는 많은 일을 인공지능 로봇이 대신할 것이다. 변호사, 판사, 세무사, 회계사, 의사 같은 전문직에서부터 운송 같은 비교적 단순한 일까지 광범위하다. 놀라운 건 번역, 작곡, 기사 작성 같이 다분히 창조성을 요구하는 일까지 포함된다는 사실이다. 옥스퍼드 대학 연구에 의하면, 20년 안에 미국 일자리 가운데 47%가량이 사라진다.

운이 좋은 사람들의 특징

기술 발전으로 인한 급속한 변화뿐만이 아니다. 이제는 평생직장이라는 말이 통하지 않는다. 공무원 정년을 몇 년 앞두고 있는 지인은 퇴직 후 무슨 일을 해야 할지 고민하고 있다. 이제는 평생 한 가지 직업만 갖는 시대가 아니라는 것을 절감한다고 한다.

불확실성은 이제 우리가 숨 쉬는 공기와 같다. 그러니 불확실성을 피하려고만 하지 말고 당연하게 받아들여야 한다. 불확실성은 본능적으로 우리를 불편하게 만들지만 대신 행운을 숨겨두고 있다.

무려 8년 동안 행운과 불운을 연구한 심리학자 리처드 와이즈먼은 운이 좋은 사람의 특징 가운데 하나가 새로운 경험을 즐기는 태도라고 소개한다. 똑같은 사람을 만나고 똑같은 패턴으로 생각하고 말하며 익숙한 곳을 다니면 편하다. 상황이나 결과를 예측할 수 있기 때문이다. 대신 행운을 만나기는 어렵다. 예측하지 못한 뜻밖의 시간과 장소에서 만나는 좋은 기회를 우리는 행운이라고 부르지 않던가! 행운을 잡으려면 새로운 것, 텅 빈 것, 불확실성에 뛰어들어야 한다.

2장

하기 싫은 일을 하는 힘이 능력이다

타인에게 영향을 끼치는 사람이라면, 또는 미래에 그런 사람이 되고 싶다면 더더욱 하기 싫은 마음을 다스릴 줄 아는 힘이 필요하다. 끊임없이 자기에게 익숙하지 않은 태도를 계발해야 한다. 하기 싫고 불편하겠지만, 편하고 익숙한 대로만 하다가는 여러 사람에게 불필요한 고난을 안길 가능성이 크다.

하기 싫은 마음이 만들어내는 핑계

나는 학창시절에 공부하기가 싫었다. 시험 기간이 되면 마음이 무거웠다. 책상에 앉아 손으로 책장을 후루룩 훑어 넘기며 시험 범위부터 확인했다. 큰 바윗덩어리가 가슴을 짓누르는 것 같았다. 그 압박에서 벗어나기 위해 침대에 누웠다가 TV 앞에 앉았다가 냉장고 문을 열었다 닫았다 하면서 도망쳤다. 침대는 편안했고, TV 앞에서는 시간이 후딱 갔으며, 냉장고에는 먹을 게 많았다.

직장에 다닐 때도 일하기 싫을 땐 탕비실이나 화장실을 들락날락거렸다. 한바탕 인터넷 서핑을 하기도 했다. 눈치가 보여서 더 이상 일을 미룰 수 없을 때는 봐야 할 서류를 뒤적이지만 머릿속엔 딴생각이 가득했다.

잘하고 싶은 마음이 지나친 나머지 나온 행동이었다. 결과가 내 기대치에 미치지 못할까 봐 미리 겁내고 주저하면서 피했던 것이다. 겁을 먹는 순간 뇌는 비상사태로 돌입해 몸과 마음이 긴장한다. 결국 집중력이 떨어져 자기가 갖고 있던 실력마저 제대로 발휘하지 못한다. 스트레스는 받을 대로 다 받으면서도 결과는 실망스러울 수밖에 없다. 이런 과정을 몇 번 반복하면 자신감과 의욕이 바닥으로 떨어진다. '하기 싫어'가 '난 못해'로 바뀐다.

'난 못해'라는 짧은 문구는 일종의 주문이다. 마음이 자꾸 되뇌면, 몸도 반응한다. 내 경우 신체 가운데 가장 약한 부위부터 아프기 시작했다. 나는 선천적으로 알레르기 비염이 있었는데 고등학교 때 가장 심했다. 툭하면 재채기를 했고 한번 시작하면 그칠 줄 몰랐다. 코가 헐고 충혈된 눈에서는 눈물이 줄줄 나왔다. 코로 숨을 쉬지 못하니 입 안이 바짝 마른다. 급기야 몸살까지 걸리고 만다. 걸핏하면 앓아누웠다.

그땐 알레르기 비염만 아니면 공부를 더 잘할 수 있을 텐데, 라고 한탄도 많이 했다. 입시 스트레스 때문에 증상이 더 심했던 것도 사실이다. 그런데 이제 와서 솔직히 인정하자면, 나도 모르게 되뇌던 '난 못해'라는 주문의 영향도 컸다. 당시에는 내가 공부를 못하는 이유가 오직 알레르기 비염 때문이라고 생각했다. 내 무의식적 태도가 문제라고는 전혀 생각하지 못했다.

이 짧은 문구는 변명거리도 만들어낸다. 제법 그럴 듯해서 언뜻 보면 변명 같지 않다. 내 경험을 되짚어보면, 대학교 입학할 때부터 지금까지 뭔가 해보려고 할 때마다 굵직굵직한 사건이 등장해 나를 가로막은 것처럼 보인다.

나는 수능 첫 세대다. 이전 데이터가 없어서 예상 합격 커트라인이 매우 부정확했다. 수험생들은 안전하게 하향 지원을 하는 전략을 취했다. 명문 학교는 지원자 미달로 합격 점수가 낮아지고 그저 그런 학교 커트라인이 급등했다. 나는 재수를 해야 하나 낙담하고 있다가 겨우 추가 합격했다. 내가 그 학교에 입학한 건 점수가 부족해서라기보다 상황 때문이라고 말하면 대부분 수긍한다. 실제로 그런 면이 전혀 없는 건 아니겠지만(이 말은 꼭 한다), 아무튼 내 실력 때문이라기보다 '상황이 어쩔 수 없어서'라고 변명하기에 충분하다.

입학 후 학교생활을 열심히 했냐 하면 그도 아니었다. 대학만 가면 하고 싶은 것 다 할 수 있다는 어른들 말씀만 철석같이 믿고, 또 선배들이 그다지 어렵지 않게 취직했으므로 어영부영 공부했다. 그래도 장차 뭘 해야 할지를 고민하기는 했다. 그런데 어떤 일을 알아보면 사람들은 그건 이미 포화 상태라 경쟁이 치열하다고 했다. 다른 걸 알아보면 그건 앞으로 쓸모없어질 것이라고 했다. 결국 나는 아무것도 시도하지 못했다.

마침 졸업한 해에 맞춰 외환위기가 터졌다. 공부를 열심히 한 것도 아니고 다른 시도를 해본 것도 아닌 내게 외환위기는, 진로를 정하지 못하는 내 처지를 변명하기에 충분한 구실이 되어 주었다. 멀쩡해 보이던 기업이 사라지던 시절이니 대부분 취직을 하기 어려웠다.

중요한 시기마다 소극적인 내 태도를 숨기기에 적당한 상황과 환경이 그럴듯하게 만들어졌다. 하기 싫은 마음에서 싹튼 자신감 결여는 그럴듯한 변명거리를 불러오고 또 찾는다.

나 자신을 속이는 일

'개인심리학'을 정립한 오스트리아 정신의학자 알프레드 아들러는 말한다. "중요한 것은 무엇이 주어졌느냐가 아니라 주어진 것을 어떻게 활용하느냐다." 주어진 것이란 기억이나 경험, 성격이나 기질, 환경이나 조건 같은 것이다. 가정불화나 부모의 경제적 어려움, 내성적 성격이나 병약한 신체, 사회 변화 같은 객관적 정황에 내가 꼼짝 못하는 건 언뜻 타당해 보인다. 하지만 아들러의 시각에 의하면 그 모든 것이 좋은 핑계거리일 뿐이다. 나 아닌 다른 요인이 내 인생을 결정하도록 만드는 것은 일종의 직무유기다.

이런 태도는 무엇보다 나 자신을 속이는 것이기도 하다. 외부 요인 때문에 하고 싶은 것을 못하면, 나중에는 그건 내가 진짜 원하던 게 아니라고 외면한다. '난 못해'가 이제는 '난 안 할래!'가 되는 것이다. 일명 인지부조화다. 심리학자 레온 페스팅거의 설명에 따르면, 사람은 자신이 믿는 것과 실제가 차이가 생기면 이를 불편하게 여겨 제거하려고 한다. 그래서 현실에 맞춰 자기 생각을 바꾼다.

정신과 전문의 박용철의 저서 《감정은 습관이다》에서 설명하는 감정 작용도 비슷하다. 익숙한 것을 좋아하는 뇌는 감정 역시 자꾸 익숙한 것을 선택하려고 한다. 즐거움, 유쾌함 같은 긍정적 감정이든 화나 분노, 우울 같은 부정적 감정이든 상관없다. 자기가 바라는 감정과 상관없이 뇌에서는 오랜 시간 자주 가졌던 감정 부위가 자꾸 활성화된다. 환경이 바뀌어도 상관없다. 뇌는 우리가 접하는 수많은 상황 가운데 비슷한 감정을 이끌어낼 만한 요소를 귀신같이 잡아채서 그 감정을 합리화한다. 그마저도 여의치 않으면, 상황에 대한 해석을 그렇게 유도한다. 즉, 우리는 자기도 모르게 여러 상황 가운데 익숙한 감정을 느낄 만한 상황에 주목하고 그것을 확대해서 받아들이는 것이다.

하기 싫은 마음 작용도 그와 같다. 처음에 하기 싫어 도망치면서 품었던 마음이 자신감을 떨어트려 '난 못해'라는 생각을 갖게 된다. 그 생각에 대한 그럴듯한 핑계거리로 신체 증상이 나타난다. 생각이 몸에 영향을 끼친 것이다. 또한 '난 못해'라는 생각이 합리적으로 보일 만한 외부 상황도 기막히게 찾아낸다. 급기야 '난 못해'가 '난 안 할래!'로 변해 마치 자기 의지대로 선택한 듯이 위장된다. 한마디로 하기 싫은 마음은 어떻게든 '자기 정당화'를 해낸다.

나는 직장을 그만두고 오랫동안 마음에 품었던 책을 쓰기로 작정했다. 그러자 단박에 출판업계 상황이 매우 어렵다는 얘기가 들린다. 작가의 평균 연봉이 천만 원 이하라는 기사만 눈에 들어온다. 글쓰기가 막히면 도망가고 싶고 하기 싫어지는데, 출판계 상황이 어렵다니 '난 안 할래' 해도 될 것 같다.

하지만 따져보면 불리한 여건만 있는 건 아니다. 지금은 유명 작가나 대단한 전문가만 책을 낼 수 있는 시대가 아니다. 평범한 사람이 책을 출간할 수 있는 기회가 많아졌다. 또한 책을 기반으로 하여 콘텐츠를 다양하게 가공할 수도 있다.

나는 이제 부정성에 먼저 반응하는 뇌가 불리한 여건을 확대해서 듣는다는 사실을 알고 있다. 그러니 도망가려던 마음의 뒷덜미를 잡는다. 마음은 고분고분 발걸음을 멈춘다. 아, 그래? 그럼 불리하기만 한 건 아니네!

하기 싫은 마음은 능숙하게 자기 합리화를 하면서 끈질기게 살아남는 만큼 파괴력도 크다. 그 마음을 다루지 못하면 내가 하고자 하는 일을 하기가 점점 불리해진다. 그러다가 마침내 손 쓸 여력도 없이 압도당하고 만다. 내 삶을 무기력하게 만들 뿐만 아니라 타인에게까지 피해를 입히고, 나아가 세상을 망하게 만들기도 한다.

지금 싫다고 도망치면 끝내 아무것도 못한다

뉴욕 어느 뒷골목, 차가운 쓰레기 더미 속에서 신음소리가 들린다. 잠시 뒤, 이어지는 아기 울음소리. 열네 살 소녀가 딸을 낳았다. 딸 이름은 카디자 윌리암스. 소녀는 카디자를 데리고 거리를 전전했다. 모녀는 무료 급식을 받거나 쓰레기 더미에서 찾은 음식으로 하루하루를 버텼다. 모텔이나 노숙자 쉼터에서 자는 날은 굉장히 운이 좋은 날이었다. 차가운 길바닥과 냄새나는 뒷골목이 그들 집이었다.

어느덧 카디자는 학교에 입학했다. 뉴욕에서 로스앤젤레스까지 떠돌아다녔기 때문에 12년 동안 무려 열두 번이나 전학했다. 4학년과 5학년은 1년 가운데 절반만 등교할 수 있었다. 6학년은 아예 건너뛰었으며 8학년은 고작 2주일 다녔다. 매춘과 유흥 거리에서 노숙자들은 카디자에게 공부해서 뭐하냐, 대학은 꿈도 꾸지 말라며 기를 죽이고 위협했다.

그녀는 흔들리지 않았다. 학교를 가지 못해도 날짜 지난 신문과 잡지를 주워 읽고, 한 달에 책을 네다섯 권씩 읽었다. 11학년이 되자 아무리 멀리 이사 가더라도 더 이상 전학하지 않겠다고 다짐했다. 대학에 가려면 선생님 추천서가 필요했기 때문이다. 그녀는 학교에 가기 위해 새벽 4시에 일어났고 밤 11시가 돼서야 집에 돌아올 수 있었다.

크리스 랭건 역시 비참한 어린 시절을 보냈다. 찢어지게 가난했으며 아버지는 포악한 알코올 중독자였다. 형제 가운데 한 명은 입양됐고 소년원에 간 사람도 있었다. 다행히 크리스는 똑똑했다. 생후 6개월에 말을 텄고 누가 가르쳐주지 않았는데도 세 살 때부터 글을 읽었다. 생계를 위해 일하면서 학교에 다녔는데도 전액 장학금을 받고 대학에 입학했다.

하지만 대학 생활은 순탄치 않았다. 성장 배경이 달랐던 학우들과 어울리지 못했다. 결정적으로 부모가 서류 제출을 제대로 하지 않아 중도에 장학금 지원이 끊겼다. 학교를 다닐 수 없게 되자 크리스는 일을 하면서 돈을 모았다. 그리고 다른 학교에 등록했다. 학교는 집에서 20km 정도 떨어진 곳에 있었다. 어느 날 타고 다니던 자동차가 고장이 났다. 다행히 이웃이 그를 태워다주겠다고 했다. 그러려면 오전 수업을 오후로 옮겨야 했다. 학교에 사정을 말했지만 거절당했다. 결국 그는 학교를 그만뒀다.

실용지능보다 더 중요한 것

《아웃라이어》에서 저자 말콤 글래드웰은 랭건을 두고 실용지능이 부족하다고 말한다. 실용지능이란 자신이 원하는 것을 얻기 위해 상황을 올바로 파악하고 언제 누구에게 어떻게 말해야 최대 효과를 얻을 수 있는지를 아는 것이다. 실용지능은 가정교육의 영향이 크기 때문에 부모가 교육에 열의를 쏟고 자녀 교육에 깊이 개입할 수 있는 중산층 이상 아이에게 유리하다고 글래드웰은 강조한다. 랭건은 그럴만한 환경이 아니었으니 실용지능이 낮았을 것이고, 그래서 장애에 부딪힐 때마다 좌절했다는 것이다.

카디자 역시 실용지능을 익힐 만한 환경이 아니었다. 하지만 그녀는 자기 문제를 해결하기 위해서 사회단체나 장학재단에 도움을 요청하는 편지를 보내는 등 적극적이었다. 선생님 도움을 받았겠지만, 그렇다 하더라도 문제에 부딪혔을 때 취하는 태도가 랭건과 다르다. 카디자와 랭건 둘 다 사회적 성공에 필요한 자질을 갖춘 어른을 가까이에 두고 자란 환경이 아니라는 점을 고려하면 실용지능 부족이 랭건의 진짜 문제라고 할 수 없다. 랭건의 진짜 문제는 장애물에 맞설 힘이 부족했던 것이다.

대학교에 진학하면 지금까지와는 전혀 다른, 새롭고 다양한 사람들을 만나기 마련이다. 그들은 처음부터 나와 맞을 수 없다. 누구나 서로 어색하고 불편하지만 자꾸 부딪히면서 익숙해지는 것이다. 랭건은 어울리는 게 불편하다는 이유로 자신에게 관심을 보이는 친구들을 피해 기숙사 방이나 도서관으로 도망갔다.

장학금을 받는 데 필요한 서류 문제, 수업 변경 문제에 있어서도 랭건의 태도는 비슷했다. 그런 사정을 말해도 행정을 처리하는 사람들은 일단 거절한다. 누구에게 임의로 혜택을 줄 수 없고 규칙을 따라야 하기 때문에 단번에 들어주는 경우가 거의 없다. 중산층 가정에서 자란 아이가 말한다고 해도 달라지지 않는다. 랭건과 실용지능이 높은 아이의 차이는 실용지능 이전에, 거절당해도 다른 방법으로 다시 접근하려고 하느냐 그냥 포기하느냐 하는 태도에 있는 것이다.

거절을 당해도, 불가능해 보여도 다시 도전하기란 쉽지 않다. 그래서 대부분 더 이상 다른 방법을 생각하지 않고 포기한다. 랭건도 그랬다. 그리고는 자기 사정을 이해해주지 않는 학교 교직원들을 원망했다. 학비를 마련하기 위해 일해야 하고, 다른 사람 차를 얻어 타고 다녀야 하는데도 교직원들이 아무것도 해주려고 하지 않는다는 불평은 다소 오만하게 들리기까지 한다. 자기 처지가 가엾다는 이유로 그들이 자신을 위해 무언가를 해주는 게 당연하다는 의미를 내포하고 있기 때문이다.

특히 수업을 변경해주지 않아서 자퇴할 수밖에 없었다는 건 변명에 불과하다. 그런 자세라면, 카디자는 애초에 학교를 그만뒀어야 했다. 만약 랭건이 카디자 처지였다면 이렇게 말할 것이다. "학교를 그렇게 드문드문 다녔는데 어느 대학에서 입학 허가를 내주겠어요? SAT 성적은 또 어떻고요?"

실제로 카디자의 SAT 성적은 웬만한 주립대학에도 지원하기 어려운 정도였다. 그러니 카디자라고 늘 의욕과 자신감에 차 있지는 않았을 것이다. 그래도 그녀는 자기 마음을 다스리고 목표에 필요한 일을 실행했다. 비웃음을 받을지도 모른다는 각오를 하고서 말이다.

결국은 태도의 문제

로체스터대학교 사회심리학 교수 에드워드 L. 데시는 《마음의 작동법》에서 태도의 중요성을 강조한다. 두 사람이 같은 관리자 밑에서 같은 일을 해도 각자 받아들이는 경험은 매우 다를 수 있다. 상황에 대한 기대와 느낌이 다르기 때문이다. 자기 의지를 반영할 수 있다고 기대하는 사람은 그에 필요한 정보를 능동적으로 찾고 익히려고 한다. 적극적이고 긍정적인 태도는 상사에게 긍정적 반응을 유도한다. 반면, 상사의 조언을 비난으로 여기고 요구를 명령으로 해석하는 사람은 소극적이고 반항적인 태도를 취한다. 그런 태도는 상사에게서 부정적 반응을 유발하기 마련이다. 데시 교수는 불리한 조건에서도 적극적으로 행동함으로써 상호작용이 유리하게 이루어지도록 만들 수 있다고 말한다.

카디자는 마침내 고등학교 졸업식에서 대표 연설을 하고, 전액 장학생으로 하버드에 입학했다. 랭건은 먹고살기 위해 고군분투하면서도 혼자 수학과 물리학을 깊이 연구하고 있다. 하지만 그 연구는 그저 자기만족을 위한 지적 유희일 뿐이다. 그는 여전히 학력 부족 때문에 으레 학계에서 거절당할 것이라고 짐작하고 연구를 발표할 생각은 꿈도 꾸지 않고 있다.

불리한 조건이나 열악한 상황에서 적극적 태도를 갖기란 결코 쉽지 않다. 불평할지언정 그냥 소극적으로 반응하는 게 편하다. 하지만 문제를 해결하고 상황을 바꾸고 싶다면 우선 그 불편하고 싫은 일에서 도망치지 않아야 한다.

샤넬과 야후, 두 CEO의 결정적 차이

예일대를 졸업한 모린 시케는 로스쿨을 준비하다가 꿈을 찾아서 무작정 파리로 갔다. 어릴 때부터 파리라는 도시에 막연한 로망을 품고 있었기 때문이다. 그녀는 곧 프랑스 화장품 회사 로레알에 입사한다. 이후 의류 회사인 갭과 바나나 리퍼블릭을 거쳐 세계적 명품 브랜드인 샤넬로 거취를 옮겼다.

4년 뒤, 시케는 최고경영자가 된다. 그녀는 2007년부터 작년 초까지 글로벌 CEO로서 샤넬을 이끌었다. 시케는 샤넬에 현대적 감각을 도입하고 브랜드를 업그레이드해 새로운 성장기를 가져왔다. 샤넬에서 일하기 전에는 갭 브랜드 가운데 하나인 올드 네이비 매장을 기존 35개에서 850개로 확대하기도 했다. 그녀가 이렇게 괄목할 만한 성과를 거두고, 샤넬로 옮긴 후 불과 4년 만에 최고경영자가 돼 무려 9년 동안 그 자리를 지킬 수 있었던 데는 남다른 비법이 있었다.

바로 '경청'이다. 그녀는 늘 주위 사람들에게 의견을 구하고 반대 의견을 귀담아 들었다. 때로는 생각을 바꾸는 데도 주저하지 않았다. 심지어 매장 직원에게 판매와 고객 반응에 대한 의견을 묻고, 그것을 사업 방향과 전략에 반영했다. 전체 업무 시간 가운데 75%가량을 직원, 고객, 주주와 소통하는 데 할애했다는 사실은 유명하다. 그녀는 한 인터뷰에서 이렇게 말했다. "CEO는 다양한 사람에게서 의견과 피드백을 받아야 하며 사업이나 인간관계에서 겸손하고 유연해야 한다."

훌륭한 성품이다. 하지만 그녀가 처음부터 그랬던 건 아니다. 패션업계에서 경력을 쌓기 시작한 지 4년쯤 됐을 때 그녀는 갭에서 프로젝트 매니저로 일했다. 능력을 인정받기 시작하자 그녀는 자기 안목을 과신했다. 심지어 상사에게도 자기주장을 밀어붙이곤 했다. 한번은 당시 CEO 드렉슬러에게 반대 의견을 냈다. 퇴사 권고를 받지 않을까 걱정할 정도로 격렬하게 논쟁했다고 한다. 아니나 다를까, 호출을 받았다. 하지만 퇴사 권고 대신 시케는 귀중한 조언을 받았다. "당신은 훌륭한 직원이지만 다른 사람 말에도 귀 기울일 줄 알아야 한다." 다소 오만할 정도로 자신만만했던 시케가 받아들이기 쉬운 말은 아니었지만 시케는 그 조언을 명심하고 직장생활을 하는 동안 실천했다.

리더가 소통하려 하지 않을 때 생기는 일

스탠퍼드대를 졸업한 마리사 메이어는 구글에 입사했다. 당시 구글은 창립 1년밖에 되지 않은 신생 회사였다. 검색창만 있는 단순한 구글 초기 화면을 만든 주역이 바로 메이어다. 그녀는 능력을 인정받아 구글 첫 여성 임원으로서 부사장에 올랐다. 그리고 2012년 야후 CEO로 취임한다. 야후는 한때 세계 시장 40% 이상을 점유하던 검색 엔진의 상징이었다. 하지만 구글과 페이스북에 밀려 고전을 면치 못했다. 그래서 실리콘밸리의 스타로 불리던 메이어를 구원투수로 영입한 것이었다.

취임 초기 그녀는 기대에 부응했다. 기업문화를 바꾸고 직원 임금을 인상했으며 최고 인재들을 영입했다. 새로운 경영 전략을 세우고 관련 사업체 인수·합병에도 적극적이었다. 얼마 후 매출이 상승했다. 그녀는 취임 1년 만에 기업 가치를 두 배가량 올렸다.

그런데 오래가지 않았다. 얼마 후부터 매출은 취임 전보다 더 떨어졌고 심지어 마이너스를 기록하기 시작했다. 급기야 지난여름 야후는 투자회사로 넘어갔다. 새 회사는 인터넷 사업을 철수하기로 했다. 이에 대해 메이어에게 비난이 쏟아졌다.

업계 전설이던 기업이 역사 속으로 사라질 때 마지막 CEO에게 책임을 묻는 건 있을 수 있는 일이다. 다만, 이미 1년 전부터 리더십 전문가들이 했던 경고를 받아들이지 않은 메이어의 태도는 분명 문제였다. 그녀는 직원들과의 신뢰 형성에 소홀했고 회사 문화를 무시했다. 그녀는 타인이 하는 말을 귀담아 듣지 않았다. 그 리더십은 절름발이일 수밖에 없었다. 부임 첫날부터 기미가 보였다고 한다. 기존 임원들 말을 듣고 상황을 이해하려고 하지 않았고, 그 누구보다 말을 많이 하면서 자기주장을 내세웠다. 야후에서 근무하는 동안 내내 자기 의견에 반대하거나 지적하는 의견을 받아들이지 않았다고 한다.

능력보다 성품이 중요한 이유

두 CEO 경우를 보면 업무 능력만 좋다고 훌륭한 리더가 되는 게 아니라는 것을 알 수 있다. 제프리 이멜트 GE 회장은 능력과 성품 가운데 하나를 꼽아야 한다면 주저하지 않고 성품 좋은 직원을 선택하겠다고 말한다. 성품을 교정하는 일보다 능력을 향상시키는 것이 더 빠르기 때문이다. 더욱이 능력만 있는 사람은 상황이 좋을 때는 훌륭한 성과를 내지만 상황이 나쁠 때는 형편없이 추락한다. 메이어처럼 자기 능력만 믿고 자기가 옳다는 독단에서 벗어나지 못하기 때문이다.

왜 그럴까? 성공을 경험할 때 뇌는 도파민과 테스토스테론을 분비한다. 뇌신경학자 이안 로버트슨 아일랜드의 설명에 의하면, 권력이나 성공에 중독되면 이러한 호르몬에 의해 뇌가 변한다. 전두엽과 섬엽에서 타인의 감정을 읽고 재구성하는 기능이 떨어지는 것이다. 자기 생각에 반하는 의견이 듣기 싫을 수밖에 없다.

독단이 본능적 현상이라고 해서 자기 책임이 없다고 할 수는 없다. 인간에게는 누구나 본능을 다스릴 수 있는 잠재력이 있다. 모린 시케는 일찌감치 이러한 본능을 다스려서 남의 말을 받아들이는 태도를 연습했다. 그 덕분에 한 기업의 CEO로서 회사와 직원들에게 큰 이익을 안겨줬다.

반면, 메이어는 구글에 있을 때부터 능력을 인정받았지만 독단적인 언행으로 인해 같이 일하기 어려운 상사로 꼽혔다. 그녀의 독단을 우려하는 조언이 많았지만 자신에게 익숙하고 편한 태도를 고수했다. 결국 그녀는 수많은 직원이 새 직장을 구해야 하는 상황을 만들고 말았다.

타인에게 영향을 끼치는 사람이라면, 또는 미래에 그런 사람이 되고 싶다면 더더욱 하기 싫은 마음을 다스릴 줄 아는 힘이 필요하다. 끊임없이 자신에게 익숙하지 않은 태도를 계발해야 한다. 하기 싫고 불편한 마음이 생기겠지만, 그저 편하고 익숙한 대로만 하다가는 여러 사람에게 불필요한 고난을 안길 가능성이 크다.

결국 끝까지 지속하는 사람이 승리한다

중국 전국시대 말기, 일곱 개 나라가 서로 잦은 전쟁을 치렀다. 그 가운데 한나라는 강국 진나라에게 열세였다. '상당'이라는 지역에서 진과 싸움을 벌이던 한은 항복을 결심했다. 그런데 진이 아니라 또 다른 강국 조나라에 편입되기를 바랐다.

당시 조나라는 여러 해 동안 전쟁에서 이렇다 할 성과를 거두지 못하고 있었다. 그러다 보니 이 소식은 조나라 효성왕에게 솔깃하지 않을 수 없었다. 효성왕은 조표라는 신하에게 의견을 물었다. 군침을 흘리고 있는 왕과 달리 조표는 두 가지 이유를 들어 반대했다. 첫째, 연고 없는 이익은 큰 재앙이 될 것이며 둘째, 진나라 정책이 견고하기 때문에 진과 섣불리 대적해서는 안 된다는 것이었다.

조언은 소용이 없었다. 효성왕은 이미 앉아서 받아먹는 떡고물에 눈이 멀었다. 손쉽게 공적을 얻을 수 있을 뿐 아니라 오랫동안 영토를 확장하지 못한 답답함도 해소할 수 있으니 그 유혹을 떨치기 어려웠다.

그는 새로 편입한 지역인 '상당'에 조나라 군사를 보냈다. 당대 최고 장수였던 염파가 군대를 이끌었다. 백전노장 염파는 단박에 진나라 군대의 강점과 약점을 꿰뚫었다. 진나라 군대는 함부로 덤빌 수 없을 만큼 강하지만, 동시에 장기간 원정을 나와 있었기 때문에 군사들은 화끈하게 싸우고 얼른 집으로 돌아가고 싶어 했다. 염파는 수비만 했다. 진나라 군사가 지쳐서 스스로 나가떨어지도록 만들려는 작전이었다. 그렇게 2년 넘게 전쟁이 계속됐다.

염파의 판단처럼 장기전은 진나라 입장에서 불리했다. 보급로가 길어서 전쟁 비용이 많이 들었고 군사들도 지칠 대로 지쳤다. 뿐만 아니라 당시 진나라는 모든 나라와 전쟁을 벌이고 있었기 때문에 하나라도 빨리 끝장을 봐야 하는 상황이었다. 진나라는 수를 써서 소문을 퍼뜨렸다. "염파는 늙고 기력이 쇠해서 싸우지 못하고 있는 것이다. 젊고 기력이 왕성한 조괄이라면 벌써 싸워 이겼을 것이다."

장기전이 답답하기로는 효성왕도 마찬가지였다. 효성왕은 이 소문에 또 한번 솔깃했다.

문제는 조괄에게 전쟁 경험이 없다는 것이었다. 그는 어릴 때부터 병서를 끼고 살아서 수많은 병법에 통달했을 뿐이었다. 조괄의 아버지 조사는 늘 이를 우려했다. 유능한 장군이었던 조사는 전장에서 일어나는 즉흥적 상황과 이론의 차이를 알고 있었기 때문이다. 진나라 역시 이를 노리고 조괄이 군대를 이끌도록 헛소문을 낸 것이었다. 살아생전 남편의 우려를 알고 있던 조사의 부인, 즉 조괄의 어머니가 선불리 아들을 출정시키려고 하는 효성왕을 말렸다.

이번에도 효성왕은 조언을 듣지 않았다. 아무리 현장 경험이 없다 해도 조괄의 병법 지식은 누구나 인정할 만큼 훌륭했다. 무엇보다 효성왕은 지지부진하게 전쟁 결과를 기다리는 게 싫었다. 하루라도 빨리 승리 소식을 듣고 싶었다.

효성왕은 염파 대신 조괄에게 군대를 이끌도록 했다. 전장에 나간 조괄은 진나라 군사를 무찌르며 진군하는 듯 보였다. 하지만 이 역시 조나라 군사를 유인하려는 진나라 작전이었다. 진나라 군사에게 포위당한 조나라 군은 크게 패하고 조괄도 전장에서 죽고 만다.

진나라 군사를 이끌던 장수는 40만 명에 이르는 조나라 군사를 생매장했다. 진나라는 너무 오랫동안 전쟁을 했기 때문에 40만 명을 포로로 삼기에 식량이 부족했기 때문이다.

조나라는 무려 40만 명에 이르는 장정을 한꺼번에 잃고 말았다. 자연히 농사지을 인력이 부족해 식량 생산량이 줄었다. 이후 계속되는 외세 침입을 방어하기가 힘에 겨웠다. 조나라는 근근이 30여 년을 버티다가 결국 멸망하고 만다.

효성왕은 진나라와 싸우게 된 계기부터 결과까지 결정적 실수를 두 번 했다. 공짜 좋아하다가 큰 코 다친다는 조표의 제지를 외면했고, 진득하게 염파의 작전이 성공하기를 기다리지 못했다. 두 번 다 오래 기다리기 싫은 마음, 단박에 좋은 것을 얻고 싶은 마음 때문에 실패하고 만

것이다. 그 조급한 마음이 조표와 조괄의 어머니가 하는 진언을 튕겨버렸다. 대신 자기 욕망이 듣고 싶은 간언을 찾았다. 거저 생기는 지역인데 당연히 받아야 한다는 말 그리고 조괄을 내보내 빨리 승리를 거머쥐라는, 염파를 시기하는 대신들의 부추김. 그런 간언으로 조급한 자기 마음의 정당성을 확보했던 것이다.

하루라도 빨리 전장에서 들려오는 희소식을 듣고 싶은 마음을 이해 못하는 건 아니다. 언제 결론이 날지, 그 결론이 승리일지 패배일지 모르는 채로 수년 동안 기다리기란 결코 쉬운 일이 아니다. 반면, 단박에 좋은 것을 얻고 싶은 마음은 누구나 본능적으로 품는 욕망이다. 많은 사람이 끈기 있게 한 가지를 지속하고 기다리지 못한다. 빨리 뭔가 얻고 싶어서 여기저기 휘저으며 다닌다. 그렇기 때문에 끈기라는, 결코 쉽지 않은 덕목을 가진 사람이 결국 승리하는 것이다. 그런 사람은 소수에 불과하다.

게다가 효성왕은 리더였다. 만약 그가 조급한 마음을 다스려서 염파를 끝까지 기다리기만 했더라도 상황은 정반대가 됐을 수도 있다. 그 기세를 몰아 오히려 진나라를 누르고 조나라를 대국으로 키울 수 있었을지도 모를 일이다.

하기 싫은 마음은 지위 고하를 막론하고 누구에게나 똑같이 일어난다. 그 마음을 다스리는 것 또한 각자의 몫이다. 하지만 그로 인한 폐해는 그 사람의 위치에 따라 단지 개인 차원에서 그칠 수도 있고 한 국가 전체에까지 영향을 미칠 수도 있다.

3장

하기 싫은 일,
당신도 잘할 수 있다

일이 잘 안 되거나 지겨울 때, 회의감이나 의구심이 들어 하기 싫을 때 발버둥 치다가 그만두는 사람이 대부분이다. 그러니 어떤 분야든 하기 싫은 일을 참고 하는 소수가 성공을 거머쥘 수밖에 없는 게 당연하다. 성공은 비단 능력 문제만은 아닌 것이다.

피해도 소용없다, 제때 하지 않으면 반드시 다시 만난다

직장 다닐 때 친한 동료와 뒷담화를 하다가 '또라이 질량 보존의 법칙'이라는 말을 들었다. 어딜 가든 또라이 같은 동료가 꼭 하나씩은 있다는 말이다. 누군가가 싫고 힘들어서 도저히 참지 못해 직장을 옮겨도 그곳에서 반드시 또 다른 또라이를 만난다는 의미다.

만약 정말 운 좋게 모든 사람이 만족스럽다면? 그 조직의 또라이는 바로 나다. 또라이 수는 전체 인원에 비례해 언제나 일정하게 보존돼야 하므로!

나는 여러 의원실을 거쳤는데 그때마다 내가 극도로 싫어하는 사람이 꼭 한 명씩 있었다. 한번은 너무 약삭빠른 보좌관이 싫었다. 명문대 출신답게 머리가 좋았는데 그 좋은 머리로 자기 실속만 차렸다. 무엇보다 내게 개인 심부름을 포함해서 시답잖은 잡일을 많이 시켰다. 특히 나는 복사 심부름에 불만이 컸다. 결국 불만을 참지 못하고 "내가 복사하는 사람이에요?" 하고 쌍심지를 켜고 대들었다.

또 한번은 나보다 직급이 높은 비서가 싫었다. 착한 사람이었는데 눈치가 없었다. 조직 생활에서 눈치가 얼마나 중요한가! 눈치껏 해야 할 일을 제대로 못해서 답답했고 다른 동료에게 피해 주는 경우도 있었다.

비서관이 또라이였던 적도 있다. 의원의 친척이었는데, 하던 일을 접고 의원을 돕겠다고 사무실에 나와 있었다. 국회 일을 전혀 모르는 사람이 자꾸 간섭하려고 해서 짜증났다. 사무실과 국회가 어떻게 돌아가는지 잘 모르면서 엉뚱한 지시를 내렸다. 결국 또 들이받았다.

씻지 않아서 냄새를 풍기는 상사가 몹시 싫었던 적도 있다. 게다가 그 상사는 자신감이 흘러넘친 나머지 자기가 기획한 정책에 대해서는 다소 억지를 부리기까지 했다. 질문을 하면 엉뚱하고 공격적으로 대답해서 말 섞기가 싫었다.

4년마다 임기가 바뀌는 시스템 덕분에 나는 여러 의원실을 거치면서 매번 다른 사람들을 만났다. 새로운 의원실에서 일할 때마다 늘 싫은 사람이 나타났고, 나는 늘 같은 반응을 보였다. 싫은 내색을 숨기지 못했다. 억지로 참다가 기회가 있으면 폭발했다. 다른 동료들도 나처럼 그 사람들을 달가워하지 않았지만, 그들이 다 나처럼 반응하지는 않았다. 지금 생각해보면 진짜 문제는 나에게 있었다.

씻지 않는 상사와 일하는 동안 나는 불평불만만 했지 보좌관이 내게 기대하는 역할을 제대로 하지 않았다. 그는 나를 뽑으면서 자신과 협력해서 정책을 보강해주기를 바랐다. 나는 알면서도 외면했다. 그가 추진하는 법안에 이의가 있으면 적극적으로 개입해서 보완할 수 있었지만 냄새나고 지저분한 그 상사 옆에 가기 싫었다. 밤낮없이 일하고, 한번 말 붙이면 얘기를 끝낼 줄 모르는 스타일도 싫었다.

내가 누군가를 싫어했던 이유를 면밀하고 솔직하게 살펴보면 언제나 크게 다르지 않다. 내 생각이나 기준 또는 스타일에 맞지 않기 때문이었다. 다른 사람은 좀 싫어도 그러려니 하고 넘어가는 부분을, 나는 예민하게 받아들였고 그냥 넘기지 못했다. 내가 좋아하는 것만 좋아하고 싫어하는 것은 전혀 받아들이지 못했다.

내 기준에 맞는 것, 내가 좋아하는 것만 접하며 살 수 없다는 것을 그때는 몰랐다. 일이든 사람이든 환경이든 말이다. 어딜 가든 나와 다른 사람을 만날 수밖에 없고, 내 생각과 달라도 차이를 인정할 줄 알아야 한다는 것을 뒤늦게 깨달았다.

그래서인지 시인 류시화가 소개한 어느 비구니 스님의 출가 스토리가 유독 와 닿는다. 비구니 스님은 대학 졸업 후 출가를 결심하고 부모님께 허락을 구했다. 그러자 아버지가 특히 반대했다고 한다. 수차례 설득해도 너무나 완강하게 반대하자 이유를 물었다. 아버지 대답은 뜻밖이었다. 맏딸로서 책임감 강하고 정의로운 성격인 것은 알지만, 바로 그런 성격 때문에 출가자가 해야 하는 공동체 생활에서 큰 어려움을 겪으리라고 우려했던 것이다. 자신과 다른 타인의 특징이나 행동, 생각을 받아들이기란 쉽지 않다. 스님은 출가 후 50년 동안 아버지 우려를 한시도 잊지 않았다고 한다.

마땅히 겪어야 할 고통이라면

'또라이 질량 보존의 법칙'이 진짜 의미하는 바는 어딜 가든 싫은 사람이 있다면 문제는 타인이나 환경이 아니라 내게 있다는 것이다. 과거에 직장 생활을 하면서 나를 괴롭혔던 문제, 하지만 내가 거부했던 문제가 지금 또다시 등장한다. 일도 예외가 아니다. 다른 곳으로 자리를 옮겨도 예전에 하기 싫어서 피했던 일이 또다시 내 앞에 등장한다.

우리는 대개 문제가 생기면 그 문제에서 달아나려고 한다. 상대나 환경 탓으로 원인을 돌리면서 말이다. 하지만 피한다고 해서 끝이 아니다. 싫다고 도망가고 회피해도 계속 나타난다. 문제는 상대가 아니라 내게 있으니까. 피해 다니려고만 하다가는 급기야 병에 걸릴지도 모른다. 칼 융에 의하면, "노이로제란 마땅히 겪어야 할 고통을 늘 회피한 결과"다.

피해 다녀도 계속 같은 문제가 나타난다는 것은 어찌 보면 삶이 나를 포기하지 않았다는 신호일 수도 있다. 문제를 계속 던진다는 것은 나를 괴롭히려고 하기보다 내가 그것을 풀 수 있으리라 기대한다는 의미이기 때문이다.

꿈이란, 가장 이루고 싶은 한 가지를 위해 하기 싫은 99가지를 하는 것

나는 보기 싫은 사람이나 하기 싫은 일을 만나면 정면으로 문제를 해결하기보다 피해서 달아나기 바빴다. 학교 다닐 때는 공부가 하기 싫었지만 도망갈 수 없으니 억지로 참았다. 직장 다닐 때는 복사나 차 대접, 선물포장 같은 허드렛일이 하기 싫어서 아예 업무를 바꿨다. 정책업무가 좋아서라기보다 업무를 바꿈으로써 하기 싫은 일에서 도망가려고 했던 것이다. 행사가 있거나 밤샘 시위 같은 비상사태가 생길 때는 잡일이나 힘든 일을 하기 싫어서 눈치를 보면서 바짝 엎드려 있었다. 회식 때는 어려운 보스 옆에 앉기 싫어서 서로 빼면서 눈치 살피느라 한바탕 신경전을 치른다.

집안일도 만만치 않다. 일주일에 한 번 하는 청소가 하기 싫어서 소파에서 한바탕 발버둥을 친다. 집안일에 서툰 나는 매년 김장철이 되면 언제 시댁에서 부를까 노심초사한다. 일 년에 두 번 있는 명절은 또 다른 고비다.

돌아보니 삶을 사는 내 태도가 보였다. 여태 내 인생은 하기 싫은 일을 만나면 또는 만날까 봐 도망 다니는 삶이었다 해도 과언이 아니다. 내가 좋아하는 게 뭔지 잘 몰랐으니, 딱히 좋아하는 일을 쫓아다니지도 않았다. 그저 싫은 일에 더 주의를 두면서 피하기만 했다. 진학하고 나서도, 취직하고 나서도, 결혼하고 나서도 어디서든 누가 싫은 일을 시킬까 봐 조마조마했다. 피할 수 없으면 즐기라는 말이 있지만 나는 한 번도 그러지 못했다. 도망갈 곳이 없으면 마지못해 억지로 했다. 머릿속으로는 계속 빠져나갈 궁리를 하면서! 혼자서 무슨 일을 결심했다가도 하기 싫어지면 '해야 되는데… 안 하면 안 되는데… 안 되는데…' 하면서 나 자신과 씨름하다가 결국 그만뒀다.

부단한 노력과 절제로 대단한 성취를 이룬 이들은 하기 싫은 일을 만났을 때 어떻게 대처했을까 궁금했다. 김연아는 작년 어느 인터뷰 형식 강연에서 선수 생활에 대한 소회를 밝힌 적이 있다. "좋은 건 순간뿐이고 슬럼프는 항상 함께했다. 20년 가까이 선수 생활을 했는데, 솔직히 좋은 기억보다 나쁜 기억이 더 많다." 부상 같은 신체 문제뿐만 아니라 의욕 부진 같은 심리적 어려움까지 하루하루가 너무 힘들었다고 덧붙였다.

많은 사람의 부러움 속에 화려한 나날을 보낼 것 같은 배우는 어떨까. 여전히 군살 하나 없는 맵시를 뽐내는 차승원은 언젠가 운동하러 가기 너무 싫어서 '내가 운동하러 태어났나!'라는 생각이 들 정도였다고 고백한 적이 있다.

프랜차이즈 국대떡볶이 창업자 김상현 대표는 학창시절 줄곧 방황하다가 어릴 적 꿈인 사업으로 성공했다. 그는 학생들에게 말했다. "꿈이란 내가 가장 이루고 싶은 것 한 가지를 위해 하기 싫은 99가지를 해나가는 과정이다."

성공한 뒤에야 우리가 그들을 주목해서 그렇지 잘 안 풀릴 때나 이 노력이 과연 빛을 볼까 하는 의구심이 들 때면 누구나 하기 싫은 마음이 생기는 것이다.

일이 잘 안 되거나 지겨울 때, 회의감이나 의구심이 들어 하기 싫을 때 발버둥 치다가 그만두는 사람이 대부분이다. 그러니 어떤 분야든 하기 싫은 일을 참고 하는 소수가 성공을 거머쥘 수밖에 없는 게 당연하다. 성공은 비단 능력 문제만은 아닌 것이다.

싫은 사람 다시 보기

특히 싫은 사람과 잘 지낼 줄 아는 힘은 매우 중요하다. 크게 세 가지 면에서다. 첫째, 인간관계가 성공의 결정적 요소이기 때문이다. 성공하는 데 전문성이나 능력이 중요하지만 그것은 실무 차원에서 얘기다. 고위직으로 올라갈수록 실무에서 벗어나 조직을 관리한다. 마음에 맞는 사람과 잘 지내는 건 누구나 한다. 그것을 두고 인간관계가 좋다고 할 수는 없다. 사람들과 잘 지낸다는 것은 마음에 맞건 맞지 않건 감정에 좌지우지되지 않고 상대를 대할 줄 아는 태도를 의미한다.

둘째, 기회가 숨어 있기 때문이다. 직장에서 싫은 사람이 문제가 되는 건 대부분 그 대상이 상사일 때다. 부하직원은 싫어도 짜증이 좀 날 뿐 그다지 큰 문제가 되지 않는다. 조금만 더 생각해보면 내가 그토록 싫어하는 그 사람이 내게 기회를 줬거나 줄 수 있는 사람이다. 내 경우, 내가 싫어했던 상사 두 명이 실은 내게 은인이었다. 그들이 나를 채용하는 데 결정적 역할을 했다. 그들과 잘 지냈다면 그들은 내게 또 다른 기회를 줬을 가능성이 크다.

셋째, 하기 싫은 일 가운데 가장 어려운 일이기 때문이다. 그림 형제의 개구리 왕자 이야기를 보자. 잃어버린 공을 개구리가 찾아주자 공주는 입장을 바꾼다. 항상 개구리 곁에 있겠다는 약속을 어긴다. 이를 알게 된 아버지가 약속을 지키라고 명령한다. 공주는 할 수 없이 개구리와 함께 지낸다. 싫은 사람과 함께 지내야 하는 우리 처지와 다를 게 없다. 싫은 사람에 대한 느낌은 마치 징그러운 개구리와 비슷하지 않던가? 개구리가 침대로 올라오자 공주는 개구리를 집어던진다. 이 장면은 이전과 정반대로 바뀐 공주의 태도를 비유한다. 그동안에는 개구리를 피하면서 수동적으로만 반응했는데, 이번에는 혐오스럽고 싫은 개구리를 손으로 집어 적극적으로 대응한 것이다. 싫은 일이나 상황을 회피하려는 태도를 (얼떨결에) 극복하는 모습이다. 그러자 개구리는 왕자로 변하고 공주와 결혼한다. 공주 입장에서는 생각지 못했던 행운인 셈이다.

싫은 사람과 함께 지내는 일은 하기 싫은 일 가운데서도 가장 어렵다. 따라서 싫은 사람과 함께 지내면서도 자기 감정에 휘둘리지 않을 수 있다면 세상에 이루지 못할 일이 없을 것이다.

영화 〈아이언맨〉의 실제 주인공이자 전기차 제조업체 테슬라 모터스 CEO 엘론 머스크는 말한다.

"우리는 대개 사회적으로 큰 성취를 일군 사람들의 기술이나 아이디어에 주목한다. 하지만 진정으로 사람을 그 위치까지 끌어올리는 가장 중요한 요소는 기술이 아니라 태도다. 큰일을 해내려면 정신 영역이 뒷받침돼야 하기 때문이다. 기술이나 타이밍도 중요하지만 진짜 중요한 것은 우리가 평소 진부하게 여기는 일을 내 손으로 조절할 수 있는 태도다. 누가 시키지 않아도 혼자서 (하기 싫은) 욕구를 컨트롤할 줄 알면 목표가 생겼을 때 모든 정신을 그것에만 쏟을 수 있다."

페이스북 창업자 마크 저커버그도 비슷하게 말한다. 그는 회사에 열정을 계속 쏟을 수 있는 비결이 무엇이냐는 질문에 대답하다가 이렇게 말했다.

"최근 교육계에 널리 알려진 개념 가운데 '투지(Grit)'라는 게 있잖아요? 제 생각에 회사, 조직 혹은 개인을 유력하게 만드는 데 상당한 역할을 하는 요소는 별게 아니라 지겹고 짜증나는 수많은 일을 돌파해 나아갈 수 있는 능력입니다."

진부하고 지겹고 짜증나는 일을 좋아하는 사람은 없다. 누구나 하기 싫어한다. 그 마음을 다스리고, 해야 할 일을 하는 태도가 진짜 능력인 것이다.

처음엔 누구나 다 하기 싫다

나는 고부 갈등을 겪었다. 아니, 실은 나 혼자 시어머니를 문제 삼고 힘들어했으니 고부 갈등이라는 표현이 맞는 건지 모르겠다. 계기가 있었다. 남편의 수술이다. 결혼하고 나서 2년쯤 지나서 우연히 암을 발견했다. 이미 다른 장기로 전이된 상태였다. 본인은 말할 것도 없고 부모님은 부모님대로, 결혼한 지 얼마 안 된 나는 나대로 모두 큰 충격을 받았다.

단지 힘든 일이 생겼다고 해서 시댁이 어려워질 건 없다. 갑자기 어머니를 껄끄럽게 느낀 데는 두 가지 이유가 있었다. 아버님이 남편 나이일 때 같은 이유로, 같은 수술을 했었다는 사실을 아들에게조차 밝히지 않은 점이었다. 그걸 밝혔다면 스스로 주의를 기울여 충분히 예방할 수 있었을 텐데, 하는 생각에 어머니가 원망스러웠다.

또 다른 이유는 어머니의 당부였다. 그때 어머니가 내게 하는 말은 거의 당부뿐이었다. 아들이 큰 수술을 받고 특별한 치료를 받아야 하니 부모로서 걱정이 되는 건 당연하다. 아직 살림이 서툰 며느리가 미덥지 도 않았을 것이다. 그 마음을 이해하니 나 스스로도 나를 더 부족하게 평가했다.

게다가 나 역시 제정신이 아니었다. 환자 본인만큼은 아니지만 나름대로 심정이 복잡했다. 불안과 두려움 그리고 자격지심까지 더해지니, 어머니가 나를 아들의 아내가 아니라 마치 간병인처럼 대한다고 느껴졌다.

지금 생각하면 어머니가 받았을 충격은 나와 비교할 수 없을 정도였다. 나는 어머니를 원망하기 이전에 어머니를 안심시켜 드려야 했다. 그런데 철없던 그때는 어머니를 만나는 게 마냥 괴롭고 무섭기만 했다. 어머니 말이 내 안으로 들어오면 칼로 변해 가슴을 난도질했다. 늘 마음이 조마조마했다.

내가 바뀌면 세상이 달라진다

이삼 년쯤 지난 어느 날, 남편이 부모님을 집에서 하룻밤 모시자고 했다. 내키지 않았다. 몇 시간 만나는 것도 힘든데 하루 넘게 같이 지내야 하다니! 게다가 하필 그즈음 친정에 불미스러운 일이 생겨서 마음이 좋지 않았다. 남편이 내 상태를 몰랐던 건 아니지만 남편은 그 나름대로 부모님께 도리를 하고 싶었던 것이다. 그 마음을 아니까 남편 제의를 거절할 수 없었다. 그러자고 했다.

그날부터 나는 두려움에 떨었다. 하루하루가 걱정으로 가득했고 불안했다. 마치 호랑이굴에 들어갈 날을 앞두고 있는 것 같았다. 도망가고 싶었다. 피하고 싶어서 마음이 이리저리 발버둥 쳤다. 하지만 내가 할 수 있는 일은 없었다. 그저 막연히, 그 계획을 무산시킬 만한 일이 생기길 바라는 수밖에.

절박해서였을까? 문득 이래선 안 되겠다는 생각이 들었다. 태도를 바꿔야겠다! 도망가던 쥐가 막다른 골목에서 고양이에게 맞서듯이 적극적으로 대처하기로 했다. 싫은데 마지못해서 어쩔 수 없이 하는 게 아니라 마치 내가 일을 벌인 척하기로 마음먹었다.

태도를 바꾸겠다고 결심하니 갑자기 나를 괴롭히던 두려움과 걱정이 사라졌다. 신기했다. 지옥에서 탈출한 듯했다. 그날이 다가와도 두려운 마음은 없고 그저 이것저것 준비하느라 바쁠 뿐이었다.

부모님이 오신 다음날, 저절로 새벽같이 눈이 떠졌고 반찬을 정성 들여 준비했다. 몸은 좀 피곤했지만 마음은 전혀 힘들지 않았다. 내가 바뀌면 세상이 달라진다는 말은, 정말이었다.

신기하게도 갑자기 어머니의 태도가 달라졌다. 같이 지내는 동안 내가 그토록 불편하게 느끼던 잔소리 같은 당부를 한마디도 하지 않았다. 전혀 예상하지도, 기대하지도 못한 일이었다. 나는 부모님과 그럭저럭 편안한 시간을 보냈다. 부모님도 그런대로 잘 지내셨고 남편도 만족스러워했다.

그날 이후로 나는 조금씩 방어적 자세를 바꿀 수 있었다. 태도가 한순간 완전히 바뀐 건 아니었지만, 어머니를 조금씩 열린 마음으로 대할 수 있었다. 어머니가 무슨 말을 할까 무서워하고 피하려고 하는 마음이 사라지는 만큼 나도 편하고 자유로워졌다.

두렵지 않은 척, 싫지 않은 척 가장하기

누구나 무섭고 하기 싫은 일 앞에서는 도망가려고 한다. 위대한 업적을 남긴 사람도 예외가 아니다. 미국 대통령 가운데 가장 좋은 평가를 받는 루스벨트도 그랬다. 마정페이가 《위대한 지혜》에서 소개한 바에 의하면, 루스벨트는 처음부터 정치인이 될 만큼 당당하고 대담한 성격이 아니었다. 오히려 정반대였다. 늑대나 말, 군인만 봐도 무서워서 도망가고 수업시간에 책을 읽을 때도 벌벌 떨면서 얼버무렸다고 하니, 원래 기질은 꽤나 소심하고 겁이 많았던 모양이다. 자기비하도 심했다고 한다.

어느 날 그는 책에서 한 구절을 읽었다. "사람은 두려워도 전혀 두렵지 않은 것처럼 가장할 수 있으며, 시간이 지나면 가장하던 것이 어느새 진실한 모습으로 바뀐다." 이후 그는 무서워도 무섭지 않은 척하면서 싫은 상황에서 습관적으로 도망가려는 충동을 통제했다. 그 결과 수많은 사람 앞에 나서고 여러 반대 의견에 맞설 수 있는 정치인으로 거듭났다. 내가 그랬던 것처럼 그도 어느 순간, 평소와 다르게 반응하려는 시도를 했고 결국 자기 약점을 극복했다.

도망가지 않기로 생각을 바꾸고 결심을 했다고 해서 단번에 성공하는 사람은 없다. 변화를 싫어하고 익숙한 것을 고수하려는 뇌의 특성 때문이다. 처음엔 성공해도 두 번째 세 번째는 다시 예전처럼 반응하기 마련이다. 그래도 또다시 도전한다. 그렇게 걷다가 넘어지고, 넘어지면 또다시 일어서서 조금씩 다르게 반응하면서 자신을 바꾸는 것이다.

미국 칼럼니스트 돈 마르퀴스는 말한다. "성공한 사람들은 타고난 게 아니다. 그들은 성공하지 않은 사람들이 하기 싫어하는 습관을 극복하고 해나감으로 인해 성공한다. 물론 성공한 사람들이라고 해서 그렇게 귀찮고 힘든 일을 하기 좋아하는 건 아니다. 그냥 뛰어들어서 그것을 습관으로 만드는 것이다."

지레 겁먹지 마라, 스스로 딴죽만 걸면 된다

드라마 〈욱씨남정기〉에는 중소기업이 주요 무대로 나온다. 대기업에 제품을 하청하던 중소기업 사장은 스트레스를 받을 때마다 양갱을 먹었다. 책상에 쌓아놓고 우걱우걱 먹는다. 처음에는 아무 생각 없이 봤는데 그런 장면이 몇 번 반복되니 점점 양갱이 눈에 들어왔다. 맛있겠다, 먹어 보고 싶다! 어느새 내 머리 위로 말풍선이 떴다.

나는 원래 양갱을 싫어한다. 어릴 때 한 번 먹어보고 기겁을 한 뒤로는 입에 대지도 않는다. 그런 내가 양갱에 호감을 갖다니! 마트에 가보니, 사람들이 많이 다니는 길목에 양갱이 쌓여 있다. 드라마를 보고 양갱을 찾는 나 같은 사람이 많은가 보다.

네덜란드 출신 룰 헤르만스Roel Hermans 박사 연구팀은 식사 모습을 3천 번 이상 관찰했다. 그 결과 같이 밥을 먹는 상대에 따라 식사량이 달라진다는 사실을 발견했다. 앞에 앉은 사람이 푸짐하게 한 숟갈을 뜨면 자기도 평소보다 많이 떠먹고, 같이 먹는 사람이 적게 먹으면 자기도 평소보다 적게 먹는다는 것이다. 인간은 타인의 행동에 영향을 받는다. 심리학에서는 이를 '카멜레온 효과'라고 한다. '근묵자흑'이라는 말처럼 인간은 환경이나 가까이 하는 사람에 따라 변한다.

행동 모방은 0.02초 만에 이루어진다. 인간이 불빛에 반응하는 속도보다 10배 이상 빠르다. 한마디로 본능이다. 부지불식간에 이루어진다. 드라마 속 남자가 양갱을 먹는 모습을 보고 먹고 싶다는 생각이 드는 것은 내 의지가 아니다. 나는 뒤늦게 내 머리 위에 뜬 말풍선을 확인했을 뿐이다. 같이 식사를 하는 상대에 따라 내가 먹는 양이 달라진다는 사실을 아는 사람은 거의 없다. 백이면 백 무슨 소리냐, 나는 그렇지 않다고 할 것이다. 앞에 앉은 사람이 허겁지겁 먹으면 나도 모르게 평소보다 좀 서둘러 먹었다는 사실을 뒤늦게 자각하는 정도라면 모를까.

자기공명영상으로 두뇌를 보면 근육운동을 지배하는 두뇌 부위가 먼저 반응한 다음 생각을 지배하는 부위가 반응한다고 한다. 우리는 항상 스스로 선택하고 행동한다고 믿는다. 실제로는 그 반대다. 대부분 그저 반응하면서 살고 있는 것이다.

우리가 외부 자극에 자동으로 반응하는 것이 잘못은 아니다. 코앞에서 손뼉을 칠 때 나도 모르게 눈을 감았다 떴다고 해서 의지박약이라고 할 수 없지 않은가? 다만 자신의 행동이 그저 반응한 것인지 아니면 진짜 자기 의도인지 구분하지 못하는 것은 위험하다.

밥을 허겁지겁 먹는 상대방을 따라 식사를 평소보다 빨리 끝냈을 때 아차, 나도 덩달아 빨리 먹었네! 하고 자각하면 다음에는 식사 속도를 조절할 수 있다. 이를 자각하지 못하고 몇 번 밥을 빨리 먹는 사람과 같이 식사를 하면 혼자 먹을 때 나도 모르게 빨리 먹게 된다. 그러다 보면 습관이 된다. 습관은 무의식 영역이다. 무의식은 다시 자동 반응하도록 만들고 자연히 생각에도 영향을 미친다. 이제 다른 사람들이 너무 천천히 먹는다고 여기게 된다.

지금까지와 달라지는 연습

태도도 마찬가지다. 하기 싫은 일을 만나거나 반갑지 않은 감정이 들면 우리는 자동으로 회피한다. 술에 취하거나 쇼핑이나 오락에 열중하면서 잊으려 한다. 잠을 자거나 일에 몰두하기도 한다. 언제부터 이런 버릇이 생겼는지 알 수 없다. 무의식적 반응은 생각에 영향을 미치고 생각은 다시 행동에 영향을 미쳐 비슷한 반응을 하도록 만들기 때문이다. 이제 싫은 일만 만나면 무조건 도망가려고 하면서 평생 도망자의 삶을 산다. 사는 대로 생각하게 되면서 운명의 쳇바퀴를 돌리는 것이다.

아우슈비츠에 수용됐던 경험을 바탕으로 로고테라피를 개발한 심리학자 빅터 프랭클은 "자극과 반응 사이에 빈 공간이 있다"고 말한다. 어떤 상황이든 자극을 받으면 나는 어떤 반응을 하려고 한다. 그때 내가 반응을 하기 전 짧은 순간이 바로 '빈 공간'이다. 그 공간이 바로 우리가 자유 의지를 발휘할 수 있는 곳이다. 만약 이 빈 공간을 놓치고 반응을 해버렸다면 다음 기회가 또 있다. 반응과 행동 사이다. 자동으로 반응한 다음, 그 반응을 행동으로 옮기기 전이다.

예를 들면, 도로에서 내 차 앞으로 어떤 차가 무지막지하게 끼어들었을 때 화가 난다. 내 앞에 어떤 차가 끼어들었다는 것을 알고 난 뒤, 그리고 화가 나기 전 바로 그 순간이 자극과 반응 사이 빈 공간이다. 화라는 반응이 이미 일어나버렸다면 상대에게 버럭 화를 표출하기 전까지가 반응과 행동 사이인 것이다.

이 기회도 자꾸 놓친다고? 괜찮다. 나도 모르게 행동하고 난 뒤라도 자기가 한 행동을 되짚어보고 그 원인을 살피면 된다.

'빈 공간'을 찾는 방법은 딴죽이다. 딴죽이란 자신의 반응과 행동에 대한 의도적 관찰이다. 음식을 먹으려다가도 잠깐 멈춰서 자신을 살펴본다. 배가 고파서 먹으려는 건가, 외로움이나 스트레스를 달래려고 먹으려는 건가? TV를 보다가 누우려 할 때 잠깐 멈춘다. 피곤해서 누우려는 건가, 단지 자세를 바꾸려는 건가?

딴죽이 쌓이면 어느 순간 반응하기 전 또는 반응을 행동으로 옮기기 전에 앗! 하고 자각할 수 있다. 그때 비로소 자신의 의지와 다르게 일어나는 마음과 행동을 제어할 수 있는 여지가 생긴다. 지금까지와 다른 삶, 다른 나는 오직 딴죽에서 시작된다.

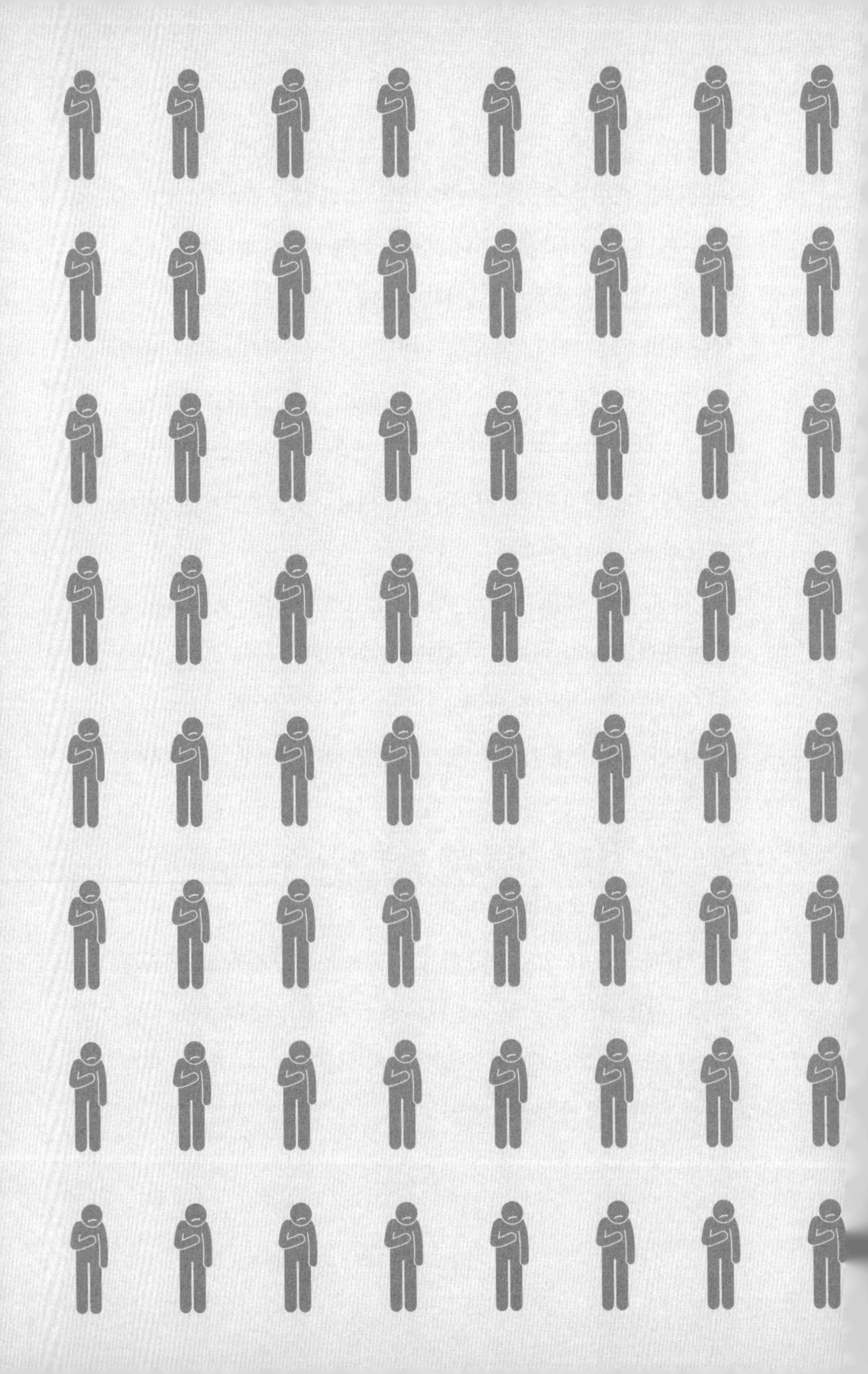

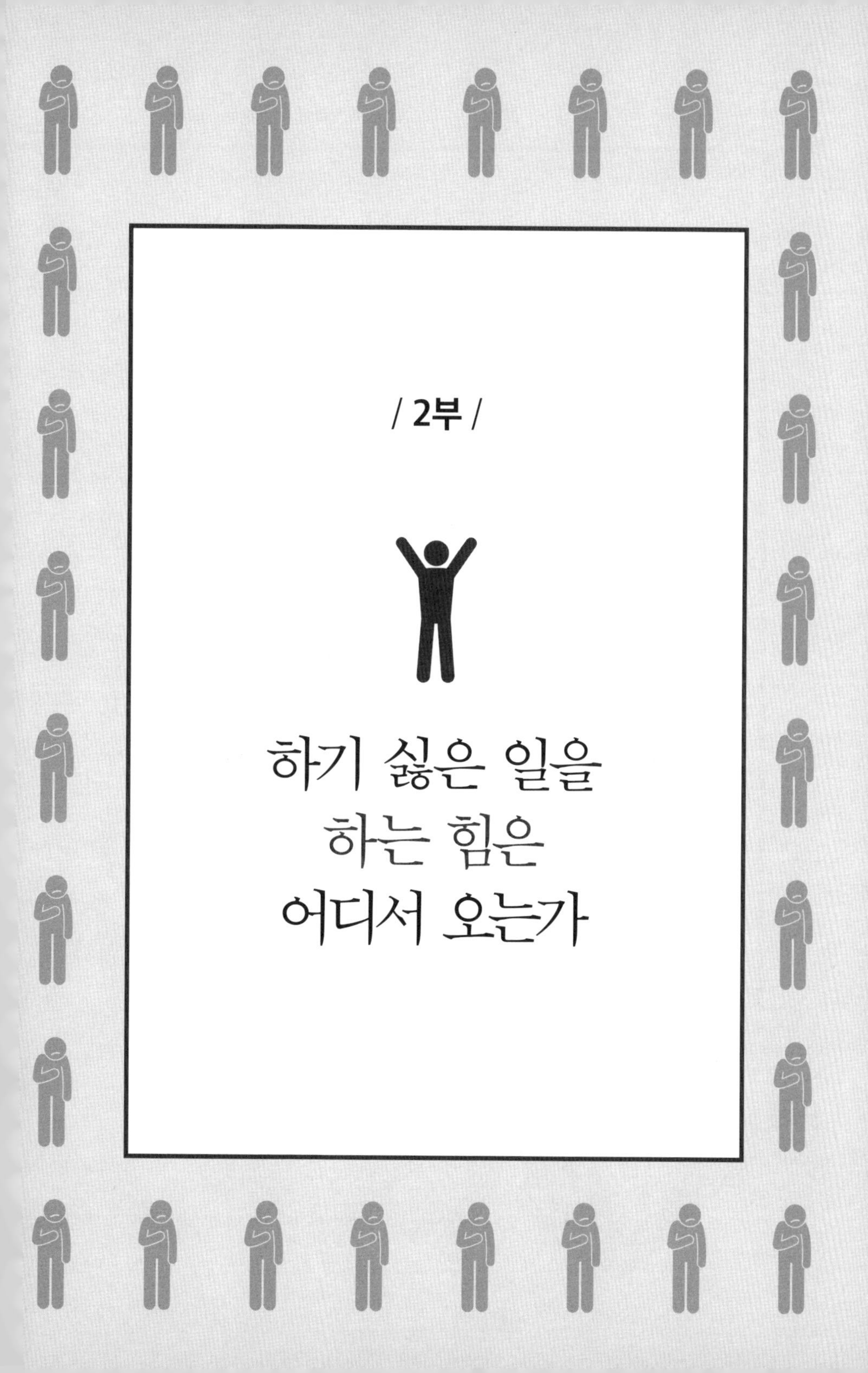

/ 2부 /

하기 싫은 일을 하는 힘은 어디서 오는가

1장

부드럽게 욕구를 다스리는 새로운 전략

신이 인간에게 주신 욕구와 욕망을 인정하는 마음가짐, 신의 뜻을 이 땅에서 구현한다는 목적에 욕구와 욕망을 적절히 이용할 줄 아는 자세, 적당히 즐기고 적당히 자제하면서 조절할 줄 아는 힘, 그것이 절제다. 그때 우리는 어떤 제약도 없이 모든 것을 누릴 수 있다. 절제란 속박이 아니라 자유다.

내 안에서 날뛰는 코끼리를 다스리려면

1940년대 미국 어느 주 협곡에서 불이 났다. 산림소방대가 출동했다. 산불은 소방대가 불길을 잡을 수 없을 만큼 번져나갔고 급기야 소방대원들도 위험에 처했다. 대장은 퇴각 명령을 내렸다. 그들은 필사적으로 뛰었지만 역부족이었다. 불길이 쫓아오는 속도가 너무 빨랐다.

갑자기 대장이 멈췄다. 그리고 대원들에게 제의했다. 일부러 불을 내자! 아직 타지 않은 일부 지역에 불을 내서 더 이상 태울 것이 없도록 만들자고 했다. 태울 게 없으니 그 지역에는 불이 닿지 않고 지나갈 것이다. 거기서 몸을 피해 불길이 지나가길 기다리면 목숨을 구할 수 있다.

대원들은 반대했다. 그냥 계속 달렸다. 대장은 혼자 불을 질러 빈터를 만들었고 계획은 성공했다. 대장은 무사했지만 대원 15명 가운데 겨우 2명만 살아남았다.

심리학자 데이비드 니븐이 《나는 왜 똑같은 생각만 할까》에서 소개한 일화다. 위기 상황에서 냅다 뛰기만 한 대원들처럼 방법이 잘못됐을 때 지나치게 노력하면 오히려 역효과를 낸다. 하지만 불길이 쫓아올 때 무조건 달음박질치는 게 잘못된 방법이라고 생각하기는 쉽지 않다. 위급한 상황에서는 대부분 그 수밖에 없다고 생각하기 마련이다. 불을 내자는 아이디어를 낸 소방대장이 오히려 평범하지 않다.

그는 어떻게 그런 아이디어를 낼 수 있었을까? 대원들은 왜 그 제안의 성공 가능성을 제대로 파악하지 못했을까? 니븐이 말하는 것처럼 단지 대원들이 노력의 힘을 더 믿어서였을까? 아니면 대장이 대원들보다 지능이 높았기 때문일까?

목숨이 위험하다고 판단되고 맞설 수 없는 상황일 때 도망가는 건 생명체에 프로그램돼 있는 자동 반응이다. 불에 올려놓은 냄비 뚜껑을 무심코 집었다가 앗 뜨거워! 하면서 저절로 놓는 현상과 마찬가지다. 그때 지금 냄비 뚜껑을 놓는 게 과연 적절한가? 어디를 향해 놓을 것인가? 이런 생각은 하지 않는다.

소방대장은 달랐다. 자동으로 내달리던 뜀박질을 멈췄다. 그리고 의도적으로 다른 방법을 찾았다. 대원들이 대장의 제안을 받아들이지 못한 이유는 무조건 노력의 힘을 믿거나 머리가 나빠서가 아니다. 위험을 피해 무작정 도망가려는 자동 반응을 스스로 통제하지 못했기 때문이다. 대장과 대원들이 다른 판단을 내린 데는 자동반사적 반응을 통제하고 의도적 사고를 하는 힘이 있느냐 없느냐 하는 차이가 크게 작용한 것이다.

조련사가 강해져야 한다

행동경제학으로 노벨상을 탄 심리학자 대니얼 카너먼은 인간의 사고 작용에 두 가지가 있다고 설명한다. 간단히 말하면, 자동적 사고 작용과 의도적 사고 작용이다. 자동적 사고 작용은 의도와 노력 없이도 자기가 처한 상황을 계속 평가한다. 자동으로 인과 관계를 찾아내려고 하기 때문에 성급하고 피상적이며 이기적으로 판단한다. 유혹에도 잘 넘어간다. 반면, 의도적 사고 작용은 말 그대로 주의와 노력이 필요하다. 어려운 상황이나 문제에 직면했을 때 이 사고 시스템을 작동시키면 즉흥적 판단과 충동을 자제하려고 노력한다. 그러면 행동이나 판단을 수정할 수 있다.

사회심리학자 조너선 하이트는 코끼리와 조련사로 비유한다. 카너먼의 설명에 빗대면, 코끼리는 자동적 사고 작용이고 조련사는 의도적 사고 작용이다. 코끼리가 상황을 계속 평가하고 성급하게 판단을 내리는 이유는 생존을 위해서다. 유혹에 쉽게 넘어가는 근본 원인도 생존에 있다. 살아남기 위해 강력한 충동과 욕구를 일으키도록 만드는 것이다. 코끼리는 즉흥적, 감정적으로 반응한다.

조련사는 의식적, 의도적 사고 역할을 한다. 코끼리 위에 올라 앉아 있기 때문에 전체를 볼 수 있으며 코끼리를 통제하고 인도할 수 있다. 만약 코끼리가 배고픈 호랑이의 공격을 받는다면 깜짝 놀라 반사적으로 격렬하게 움직일 것이다. 이때 코끼리를 진정시키고 적절히 대응하도록 통제하는 임무는 조련사에게 있다. 조련사의 힘이 약하면 놀라 발버둥 치는 코끼리 등 위에서 대책 없이 휘둘리기만 한다. 앞서 소방대장은 노련한 조련사 덕분에 놀란 코끼리를 진정시키고 전체 상황을 본 것이다. 반면 대원들의 조련사는 코끼리 등 위에서 무력하게 코끼리 반응에 휘둘렸다. 그러다보니 대장의 제안을 제대로 판단할 수 없었던 것이다.

TV에서 퀴즈 푸는 모습을 보면 참가자가 쉬운 문제도 답을 떠올리지 못하는 경우가 있다. 집에서 보는 우리는 아니, 저런 것도 기억을 못하나 싶다. 당사자가 아닐 때는 상황을 객관적으로 볼 수 있는 덕분이다. 당사자가 되면 사정이 달라진다. 문제를 풀지 못하면 진다는 위기감과 압박감, 여러 사람 앞에서 창피를 당할지 모른다는 수치심과 두려움이 강하게 작용한다. 무기력한 조련사가 즉흥적으로 반응하는 코끼리를 통제하지 못하는 것이다.

절제는 억압이다? 아니, 소통이다

나는 국회에서 정책업무를 맡게 되면서 즐겁게 일했다. 의원에게 질의할 자료를 만들고 회의할 때 의원 뒤에 앉아 있다가 자료를 전달하는 내가 뭔가 대단한 일을 하는 것 같았다. 의원에게 현안에 대해 보고하고 같이 의논하는 내 모습이 뿌듯했다.

그런데 해가 지날수록 즐거움이 차츰 스트레스로 변했다. 장관과 기자들, 다른 의원들 앞에서 내가 만든 자료로 의원이 질의하는 것이 부담스러웠다. 장관 뒤에 앉아 있는 행정부 공무원들은 하나같이 전문가다. 그들이 보기에 내가 짚은 포인트가 엉뚱한 건 아닐까? 속으로 비웃고 있는 건 아닐까? "의원님이 잘못 아신 겁니다." 의원 질문에 장관이 이렇게 대답할까 봐, 아니면 내 준비가 부족해서 장관 답변에 대해 의원이 반박하지 못할까 봐 조마조마했다.

그뿐만이 아니다. 국정감사나 관심이 쏟아지는 이슈가 터졌을 때는 쌈박한 질의를 준비해야 한다. 돌발 이슈로 인해 회의를 할 때는 짧은 시간 안에 뭔가 만들어내야 한다. 의원실 사이에 보이지 않는 경쟁도 있다. 언론의 주목을 받아야 하기 때문에 때론 자극적 문장을 쓸 정도다. 정보통이 있으면 취재기자처럼 굴기도 한다. 스트레스가 이만저만이 아니었다. 처음엔 스트레스마저 즐겼다. 그런데 갈수록 즐거움이 작아지고 괴로움이 커졌다. 나는 스트레스를 잘 다루지 못했다.

직장 생활에 대해 가장 후회하는 부분은 스트레스를 잘 다루지 못하고 하기 싫은 마음을 무작정 억누르던 내 태도다. 가령, 회의가 잡힐 때마다 압박감이 컸다. 질의서에 담을 독창적 내용을 갑자기 찾아내기가 쉽지 않기 때문이다. 매번 이걸 못 쓰면 잘린다는 생각을 했다. 그 생각이 나를 절벽으로 밀었다. 절벽에 가까워질수록 위기감과 두려움도 커졌지만 나는 속수무책이었다. 도망가고 싶고 점점 하기 싫어졌다. 결국 절벽에서 떨어지기 직전에 다다르면 할 수 없이 있는 힘을 다했다. 어떻게든 할 일을 해내긴 했다. 회의가 있을 때마다, 성과를 내야 할 때마다 그런 식으로 버텼다. 인정받았지만 매번 가까스로 고비를 넘기는 듯한 기분이었다. 그때마다 기진맥진했다. 마침내 나는 완전히 나자빠졌다.

처음엔 좋아서 시작한 일인데 조금 지나자 너무 싫어졌다. 가장 큰 이유는 스트레스를 다루지 못했기 때문이다. 절벽에 떨어지기 직전에 온전히 힘으로만 스트레스를 억눌렀으니 매번 내가 얼마나 용을 썼을지 짐작할 수 있을 것이다.

스트레스에 맞서지 마라

힘겨루기 원리는 간단하다. 버티려면 적어도 상대가 미는 힘만큼 나도 에너지를 써야 한다. 그렇게 엎치락뒤치락하다가 어느 쪽이든 힘이 커지는 순간 승패가 결정된다. 그런데 엎치락뒤치락하는 사이 서로 이기려고 하다 보니 양쪽이 똑같이 힘을 점점 더 많이 쓴다. 내가 스트레스에 맞서기 시작하니까 스트레스도 동시에 그만큼 커진다. 나도 더 힘을 쓰고, 그만큼 하기 싫은 마음은 더 커진다. 하기 싫은 마음을 억누르려고 할수록 싫은 마음을 키우는 꼴이다.

글을 써야 하지만 쓰기 싫을 때도 비슷했다. 미루는 동안 하기 싫은 마음과 한바탕 씨름을 한다. 시간이 갈수록 몸과 마음이 무거워진다. 결국 내가 지면 또 미루는 거고, 혹시 내가 이기면 책상에 앉는다. 하지만 나는 이미 기진맥진해 있다. 덩치 큰 코끼리를 왜소한 조련사가 힘으로 제압하려고 하니 지칠 수밖에.

하기 싫은 마음이나 스트레스가 생길 때마다 이런 식이라면 정말 사는 게 지옥 같을 것이다. 말 그대로 삶은 고통이고 절제는 고문이라고 해도 과언이 아니다. 무엇보다 얼마 못 가서 기권하고 만다. 좋아하는 일을 해도 직업으로 삼는다면 항상 좋을 수만은 없다. 나처럼 좋았던 일도 치가 떨리게 싫은 일이 될 수 있다.

절제는 억누르는 게 아니다. 절제력을 발휘하는 조련사는 무서운 심판관이 아니다. 결코 엄하거나 권위적이지 않다. 세상 누구보다 자애롭고 포근하다. 하지만 그 힘은 막강하다.

관계 사이 힘이 권력이라면 코끼리와 조련사 사이에도 권력이 존재한다고 할 수 있다. 철학자 한병철에 의하면, 막강하고 안정적 권력일수록 폭력이나 억압하는 감정을 불러일으키지 않는다. 폭력이나 억압은 권력이 약할 때, 그래서 도전받을 때나 필요하다. 상대가 자유롭다고 느낄수록 지배자 힘이 크고 강하며 견고하다.

조련사가 그렇다. 한갓 조련사가 코끼리를 어찌 물리력으로 다룰 수 있겠는가? 게다가 코끼리가 놀라거나 싫어서 제멋대로 하려고 들면 조련사가 가진 물리력은 초라하기 짝이 없다. 노련한 조련사는 결코 코끼리를 억압하지 않는다. 강할수록 코끼리와 소통한다. 하기 싫은 마음, 욕구, 스트레스같이 코끼리가 하는 말과 행동, 반응을 이해하고 코끼리에게 조련사 의견을 이해시킨다.

절제는 속박이다? 아니, 자유다

영화 초콜릿은 절제와 금욕주의가 어떻게 다른지 잘 보여준다. 주인공 비안느는 초콜릿을 만들어 판다. 그녀는 상대방 취향을 정확히 저격할 줄 안다. 그녀에게는 '사람'에 대한 특별한 관심과 애정이 있기 때문이다.

비안느가 방문한 마을에 사는 사람들은 시장(市長)의 진두지휘 아래 철저히 금욕주의적 생활 규범을 따른다. 마을 사람들은 성령 말씀을 따르고자 인간이 갖고 있는 자연스러운 욕구를 모두 부정하고 억눌렀다. 하지만 개개인의 취향을 저격하는 비안느의 초콜릿을 맛보고는 꽉꽉 눌러 걸어 잠갔던 욕구의 빗장을 조금씩 풀기 시작한다. 이를 위태롭게 바라보던 시장은 마을 사람들을 협박하고 비안느를 모략하는 등 갖가지 방법으로 비안느의 초콜릿을 견제한다. 하지만 모두 실패하고 만다.

시장의 견제는 실패할 수밖에 없다. 인간의 욕구 역시 성령의 일부분이기 때문이다. 욕구를 부정한 채 절제만 강요하는 태도는 성령을 부정하는 짓이며 폭력에 다름 아니다. 영화에서는 이를 아내(조세핀)에게 폭력을 일삼는 남편으로 표현한다. 조세핀은 폭력에서 벗어나고자 비안느의 초콜릿 가게에서 지낸다.

모든 욕구를 억누르는 태도가 절제라고 여기던 시장은 결국 한순간에 무너지고 만다. 자기 의도와 다르게 마을 사람들이 비안느에게 마음을 열자 분노를 주체하지 못하고 비안느 가게에 있는 초콜릿 조각을 마구 부순다. 그때 혀에 튄 티끌만한 초콜릿 파편에 와르르 무너진다. 그는 게걸스럽게 초콜릿을 먹다가 초콜릿 속에서 정신을 잃는다.

우리에게서도 이런 모습을 종종 목격한다. 설탕이 건강에 좋지 않다고 하니까 어느 날 갑자기 설탕이 들어간 음식은 조금도 먹지 않으려고 하는 식이다. 새 며느리를 들인 작은외숙모는 지난 명절에 실망이 이만저만하지 않았다. 외숙모는 처음 맞은 하나밖에 없는 며느리를 생각해서 이것저것 신경 써서 음식을 준비했다. 그런데 며느리가 "어머니, 저는 밀가루 들어간 거 안 먹어요."라면서 기껏 생각해서 해놓은 음식을 먹지 않았다고 한다. 밀가루를 먹으면 안 되는 치명적인 병이 있는 것도 아닌데 만든 사람 성의를 생각해줄 수는 없었을까?

다이어트하겠다고 절식하는 경우도 비슷하다. 한동안 금기시했던 음식을 조금이라도 먹게 되면 한순간에 무너진다. 부정적 완벽주의자처럼 작은 실패에도 그동안 꾹꾹 눌렀던 욕구가 활화산처럼 터져버린다. 게임도 비슷하다. 내내 게임 하고 싶은 욕구를 억누르다가 잠깐이라도 하게 되면 자기 자신을 완전히 놓아버린다.

금욕주의는 절제가 아니다. 금욕은 절제하려는 욕망을 절제하지 못하는, 또 다른 탐욕이다. 금욕은 위태롭다. 절제하려는 의도가 균형을 잃고 욕망이 되는 순간, 또 다른 극단으로 치닫고 만다. 작은 욕구에도 무너질까 봐 어떤 욕구든 전부 거부하고 멀리하는 태도는 작은 욕구도 다루지 못하고 모든 욕구를 내키는 대로 해버리는 모습과 차이가 없다. 내용만 정반대일 뿐 행위자가 주체성을 잃고 무력하기는 마찬가지다.

신이 인간에게 주신 욕구와 욕망을 인정(포용)하는 마음가짐, 신의 뜻을 이 땅에서 구현한다는 목적에 욕구와 욕망을 적절히 이용할 줄 아는 자세, 적당히 즐기고 적절히 자제하면서 조절할 줄 아는 힘, 그것이 절제다. 그때 우리는 어떤 제약도 없이 모든 것을 누릴 수 있다. 즉, 절제란 속박이 아니라 자유다.

절제는 고통이다? 아니, 즐거움이다

한동안 스노보드를 즐긴 적이 있다. 레슨을 받지 않고 눈썰매 타듯이 혼자 연습했다. 스노보드를 엣지로 탄다는 것을 모른 채 남들 타는 걸 모습만 보고 직활강도 몇 번 했다. '무식하면 용감하다'는 말을 몸소 실천해 보았다. 엣지로 타야 한다는 것을 안 순간, 다 배운 듯한 느낌이었다. 세상에, 이렇게 천천히 내려올 수 있다니…. 양팔을 벌리고 낙엽 타듯이 갈지자로 살포시 내려올 때 나는 설원 위의 발레리나가 된 줄 알았다. 하지만 그건 잠시뿐이었다. 능숙한 보더들이 내 코앞에서 휙 몸을 돌려 나를 피해 슝~ 하고 내려가자, 마냥 발레리나 기분에 취해 엉거주춤하고 있을 수만은 없다는 현실을 깨달았다.

이제 방향 바꾸는 연습을 할 차례다. 방향 바꾸기 연습은 넘어짐의 연속이다. 엉거주춤 내려오다가 방향을 바꾸려고 몸을 트는 순간 고꾸라진다. 어쩌다가 몸을 트는 데 성공했다 싶어서 좋아하는 순간 뒤로 벌렁 자빠진다. 햇빛 쨍한 겨울 하늘이 그토록 파랗고 예쁘다는 것을 하얀 눈에 누워 있던 그때 알았다. 이렇게 마냥 누워 있으면 좋으련만 호루라기 소리가 요란하게 울린다. 입에 호루라기를 물고 나를 향해 빠르게 다가오는 안전요원은 마치 초원에서 사냥감을 뒤쫓는 굶주린 치타 같다. 서둘러 일어나려는데 두들겨 맞은 듯 꼬리뼈가 욱신거리고 손이 부들부들 떨린다. 한바탕 엎어지고 구르고 나면 삭신이 쑤신다. 며칠 동안 움직일 때마다 아이고, 아이고 타령이 절로 나온다.

넘어지고 아파도 매해 꾸준히 스키장을 찾았다. 이제 중급에서 웬만큼 탄다. 그런데 더 이상 잘 가지 않게 된다. 시즌이 시작될 즈음이면 한 번 가야지, 하면서도 미적미적한다. 나이 들어서가 아니다! 게을러서도 아니다!

재미가 덜해서다. 그게 신기하다. 엎어지고 구르고 넘어지고, 한 번 갔다 오면 아파서 쩔쩔매도, 한 걸음 한 걸음 나아지는 걸 느낄 때가 더 재미있다. 새벽같이 일어나 당일로도 다녀오고 아예 시즌권을 사기도 했다. 그런데 이제 겨우 중급에서 타는 정도이고 마음껏 즐기면서 타는 주제도 아니면서 그래도 좀 탄다고, 이제 잘 안 넘어진다고 재미가 덜하다.

눈 위에서 갈지자를 그리고 있을 때는 몸통을 메트로놈처럼 좌우로 흔들며 활강하는 사람들이 부러웠다. 나는 언제나 저렇게 할 수 있을까? 아니, 넘어지지만 않아도 얼마나 재미있을까? 그런데 웬걸, 넘어지지 않으려고 연습할 때가 훨씬 재미있더라니! 내게 스노보드를 타는 즐거움은 경사를 능숙하게 내려오는 결과에 있는 게 아니라 넘어지는 횟수를 줄여 가는 과정에 있었던 것이다.

스노보드에서 배운 교훈

스노보드를 익히면서 나는 두 가지를 발견했다. 우선, 고통의 종류와 가치다. "지금 즐거우면 나중에 궁하게 되고, 당장의 즐거움을 포기하면 장래에 큰 즐거움이 오는 것이 세상 돌아가는 이치요." 18세기 일본 사상가 미즈노 남보쿠의 《절제의 성공학》에 나오는 한 구절이다. 이 말을 대개 '아이쿠, 그럼 지금은 고통스러워야 하는 거구나!'라고 받아들인다. 즐거움을 유보하는 것이 곧 고통일까? 고통이라고 해서 다 혐오할 일이 아니다. 미즈노 남보쿠가 포기하라고 하는 즐거움은 지금 당장 편하고 싶은 욕망이다.

누구나 쉽게 타는 썰매와 달리 스노보드를 즐기려면 넘어지는 것을 받아들여야 한다. 넘어지는 게 싫어서 엉거주춤한 자세로 타면 평생 타도 제대로 배우지 못한다. 넘어지면 아프다. 삭신이 쑤신다. 그런데도 재미있다. 아이고 아이고 곡소리를 내면서 다음날 또 탄다. 몸에서 느껴지는 고통은 스노보드 타는 재미에 얼마나 심취해 있는지를 알려주는 바로미터다. 실력도 비례한다. 두말할 필요 없이, 몸 아플 일 없고 별로 무섭지도 않은 썰매보다 스노보드가 훨씬 재미있다. 고통이 즐거움의 바로미터라니 마조히스트 아니야? 이렇게 생각한다면 오해다. 넘어지는 것을 감수해야 하니 고통도 피할 수 없다는 뜻이다.

싫은 일을 하는 힘, 편한 대로 하고 싶은 욕망을 다스리는 절제도 이와 같다. 마치 스노보드를 배울 때 넘어지고 아픈 것처럼 절제하는 동안에는 아무래도 편할 수가 없다. 하지만 절제력을 발휘하는 과정에서 자신감과 성취감이 커지고 몰랐던 나를 발견하는 즐거움을 알게 된다.

다른 하나는 과정의 힘이다. 몸통을 메트로놈처럼 흔들며 내려가는 사람들을 부러워하면서도, 내가 넘어지지 않는 방법을 하나하나 익히는 데서 재미를 느꼈던 이유는 당장 내 몸의 균형에 신경 쓰느라 정신없었기 때문이었다. 만약 내 몸에 줄이 달려 있어서 넘어져도 별로 아프지 않고 넘어지기 전에 줄이 먼저 나를 끌어당겼다면 내 주의는 내 몸이 아니라 능숙한 보더에게 쏠려 있었을 것이다. 그랬다면 '나는 대체 언제 저렇게 되나…' 하며 미래를 생각하느라 연습을 게을리 했을 것이다. 제대로 타보기도 전에 흥미를 잃었을 것이다.

과정을 즐기는 비결

결과는 미래다. 과정은 현재다. 미래는 머릿속에 있지만, 현재는 몸에 있다. 그리고 스노보드를 타는 재미는 결코 결과나 미래에 있지 않다. 오직 넘어지고 일어서기를 반복하는 과정, 바로 현재에 있다. 결국 넘어지지 않기 위해 몸을 통제하면서 과정(현재)에 집중한 덕분에 스노보드 타는 재미를 느낄 수 있었던 것이다.

절제 역시 과정이다. 하기 싫은 마음은 지금 현재에 일어나고, 그 마음을 다스리는 것은 어떤 일을 성취하기 위한 과정 가운데 하나이지 않은가? 몸에 주의를 둠으로써 절제는 과정(현재)에 집중하도록 만든다. 재미있을 수밖에 없다.

미즈노 남보쿠는 "가업이 번창하고 있더라도 그에 만족하고 뜻을 내려놓으면 발전이 없다"라고 말한다. 목적한 바를 잊지 않고, 끝까지 스스로 다스리기를 놓지 말라고 경고한다. 심지어 목적을 이루고 나서도 계속 정진해야 쇠락하지 않는다고까지 말한다.

나도 여기서 그만두면 어중간한 스노보드 실력에서 그칠 것이다. 중상급 코스에 도전하지 않으면 재미없다고 잘 타지 않을 것이고, 그나마 넘어지지 않고 내려오던 감마저 차차 잃고 말 것이다. 나는 계속 도전할 것이다. 내가 도전할 마음을 먹을 수 있는 건 넘어지고 일어나기를 반복하면서 몸을 통제하는 데 집중하는 그 즐거움을 알기 때문이다.

성공한 사람들은 좋아하는 일을 하라고 강조한다. 일이 즐거워야 지속하고 정진할 수 있기 때문이다. 그러려면 과정이 즐거워야 한다. 과정이 즐거우면 설사 일이 힘들더라도 기꺼이 감수할 수 있다. 과정이 즐거우려면 과거나 미래가 아닌 현재에 집중하는 힘이 필요하다.

절제 그 자체가 현재에 집중하는 태도이며 과정이다. 즉, 절제는 고통이 아니라 즐거움이다.

2장

힘을 기르는 6단계

'잘해야 돼, 잘할 수 있으니까 괜찮아' 이런 격려는 자신감을 주지만 동시에 긴장하게 만든다. 자칫 다그침으로 변하기 쉽다. 그러면 나도 모르게 어깨가 딱딱해지고 호흡도 짧아진다. 근육이 긴장하고 호흡이 얕아지면 뇌에 산소가 부족해져서 올바른 판단을 내리기 어렵다.

:: 1단계 나를 보기 ::

싫은 대상이 아니라, 싫어하고 있는 나를 보자

나는 비둘기의 노예였다. 길에서든 어디서든 비둘기를 보면 초긴장하면서 쩔쩔맸다. 멀리서 비둘기가 보이면 빙 둘러 다른 길로 돌아갔다. 가장 난감한 때는 버스정류장. 버스를 기다려야 하니 도망갈 수가 없다. 최소한 1~2미터 정도 거리를 두고 수시로 비둘기가 어디 있는지 확인한다. 비둘기가 움직일 때마다 거리를 유지하면서 나도 움직인다. 버스가 왜 이렇게 안 오는지 조마조마해서 죽을 것만 같다. 외출하는 길에 쓰레기를 버리려다가 쓰레기장 근처에서 배회하는 비둘기를 목격하면 발을 동동 구르다가 그대로 들고 다시 집으로 들어오기 일쑤였다. 친구들과 걷다가 비둘기를 만나면 돌아가자고 애원했다. 친구가 거절하면 친구를 방패 삼아 앞세우고 악~ 악~ 고래고래 소리치면서 지나갔다. 녀석이 파드닥 갑자기 날기라도 하면 기절할 지경이었다. 친구는 그런 나를 창피해 했다.

비둘기 앞에서는 남들 시선 따위는 하나도 눈에 들어오지 않았다. 내 눈에는 온통 비둘기만 보였다. 내가 비둘기를 무서워한다는 걸 눈치 채고 내 앞에서 더 거침없이 휘젓는 녀석도 있다. 비둘기는 아무렇지도 않은데 내가 눈치를 보며 쩔쩔매니 누가 힘이 더 세다고 해야 할지 모를 노릇이다.

내가 이렇게 우스꽝스러워진 데는 계기가 있었다. 고등학교 때였다. 점심을 후다닥 먹고 나면 친구들 팔짱을 끼고 운동장을 배회했다. 대각선으로 100미터도 안 되는 자그마한 운동장을 빙글빙글 돌면서 수다 떠는 게 낙이었다. 그날도 여느 때처럼 느긋하게 운동장을 걸었다. 갑자기 비둘기가 나타났다. 웬일인지 평범해 보이지 않았다. 가만 보니 날개를 퍼덕이지 않고 활짝 편 채 우리를 향해 날아오고 있었다. 악~ 몸을 움츠리면서 피했다. 비둘기는 휙, 다시 하늘로 올랐다. 마치 먹잇감을 낚아채려는 독수리 같았다.

몇 달 후, 버스를 잘못 탔다. 평소 가본 적이 없는 곳을 지나갔다. 창밖을 보다가 깜짝 놀랐다. 뭔가 동그랗고 거무스름한 것이 있었는데 자세히 보니 비둘기가 모여 있는 모습이었다. 그런데 머리가 없었다. 그때 나는 자고 있는 새를 처음 봤다. 날개 속으로 머리를 꺾고 잔다는 것을 처음 알았다. 집으로 돌아가는 동안 내내 기분이 아주 안 좋았다.

결정타는 이것이다. 우리 집에서 친구네 집으로 가는 길에는 한쪽으로 학교 건물이 늘어 서 있고 그 옆으로 좁은 2차선 도로와 작은 보도가 나 있다. 그 옆에는 아파트 담장이 있다. 한 이삼백 미터 정도 되는 길가에 나무가 울창하다. 차와 사람이 다니지 않아 늘 한산하고, 가로등도 띄엄띄엄 있어서 밤에는 좀 음침하다. 해가 뉘엿뉘엿한 저녁, 친구 집에 가던 길이었다. 아무 생각 없이 천천히 걷고 있는데 불현듯 담장 위에 뭔가 있는 듯했다. 고개를 돌렸다. 악~ 심장이 멎는 줄 알았다. 비둘기가 고개를 말고 앞으로 고꾸라진 채 죽어 있었다. 놀란 가슴을 부여잡고 겨우 걸었다. 오랫동안 그 장면이 잊히질 않아 괴로웠다.

결국 나는 극심한 비둘기 공포증에 걸리고 말았다. 하필 감수성 예민한 사춘기 때 그런 장면을 본 탓에 무려 20여 년 동안 시달렸다.

난감하게도 지금 우리 집 앞 공원을 비롯해서 주위에 비둘기가 천지다. 자주 이용하는 버스정류장은, 어릴 때 우연히 비둘기들이 자는 모습을 보고 충격을 받았던 바로 그곳이다. 이래서는 안 되겠다고 생각했다. 남은 평생 비둘기 눈치를 보면서 피해 다닐 순 없지 않겠는가? 노예가 주인 눈치를 보듯이 말이다.

20년간 시달린 비둘기 공포증 극복하기

어느 날 집을 나서다가 녀석과 마주쳤다. 자동으로 몸이 반응했다. 나도 모르게 주춤했다. 순간, 생각했다. '무서워하는 건 내 망상 때문이다. 실제로 비둘기는 나를 해치지 않는다. 해칠 수가 없다. 내 힘이 더 세다.' 그리고는 내 가슴에 의식을 뒀다. 심장이 어떻게 뛰고 있는지, 심장이 뛸 때 느낌이 어떤지 살폈다. 동시에 나 자신에게 속삭였다. '무섭다. 그래, 내가 무서워하고 있구나… 내가 무서워하고 있구나…' 그렇게 가슴의 느낌을 살피면서 동시에 내 상태를 있는 그대로 계속 되뇌었다. 물론 비둘기에 대한 경계를 풀진 않았다. 여전히 비둘기가 무서우니까! 하지만 대부분 내 가슴에 주의를 뒀다. 순간순간 비둘기를 의식했지만 그 때마다 곧바로 다시 가슴으로 주의를 옮겨서 그 느낌을 알아차리려고 했다. 그러면서 비둘기 가까이 점점 다가갔다. 심장이 쪼그라드는 느낌을 똑바로 바라보면서 마침내 무사히 비둘기 옆을 지나갔다. 비둘기 가까이로 접근한 것은 20여 년 만이었다. 나는 마침내 비둘기 공포증에서 해방됐다. 말 그대로 자유를 얻었다.

비둘기가 실제로 날 위협하지 않는데도 무서워서 피하는 것은 허상 때문이다. 나도 안다. 머리로는 이해하고도 남는다. 그래도 그 앞에 서면 허상이라는 생각을 할 겨를도 없이 몸이 먼저 반응한다. 순간 그 헛것에 휩싸여 나도 모르는 사이에 이미 도망치고 있다. 당연한 현상이다. 두려워하는 대상에서 스스로를 보호하려는 코끼리의 자동 반응이기 때문이다.

자동 반응이니까 어쩔 수 없이 남은 평생 속수무책으로 두려워하면서 살아야 하는 걸까? 아니면 두려움을 억지로라도 극복하기 위해 어마어마한 용기를 내야 하는 걸까? 둘 다 아니다. 큰 용기를 내고 결심하지 않아도 속수무책으로 당하지 않고 자유롭게 살 수 있다. 그저 시선을 옮기기만 하면 된다.

허상인 줄 알면서도 두려운 감정에 자꾸만 굴복하게 되는 이유는 내가 무서워하는 그 대상에 주의를 두기 때문이다. 몸은 도망가면서도 정신은 그것에 집중한다. 그렇게 해야 위험에서 나를 보호할 수 있기 때문이다. 그런데 역설적 현상이 일어난다. 두려움을 제거하려는 그 반응이 오히려 두려움을 증폭시키는 것이다. 집중은 에너지를 모으기 때문이다.

무엇이든 우리가 집중하는 대상은 커진다. 커진다는 것은 우리 생각을 점령한다는 의미다. 뭔가 신경 쓰이는 게 있으면 하루 종일 그 생각을 하게 되지 않던가? 게다가 그것이 허상이라면, 실체가 없기 때문에 커지기가 훨씬 수월하다. 비둘기를 만날 때마다 온통 비둘기만 생각하니 금세 겁을 먹고 점점 더 무서워질 수밖에 없는 게 당연하다.

자꾸 도망가고 회피하려는 대상이 있다면 우선 내 주의 집중을 그것에서 거둬들여야 한다. 그러면 더 이상 싫거나 두려운 마음이 커지지 않는다. 그리고 내 시선이 다시 비둘기에게 가지 않도록 붙들어 두기 위해서는 벌벌 떨고 있는 내 심장의 느낌에 주의를 둔다. 그러면 자동으로 도망가려는 코끼리의 발걸음을 잡을 수 있다.

우리는 언제나 시선을 어디에 둘지 선택할 수 있다. 내가 무엇을 볼지, 무엇에 집중할지를 결정할 수 있다. 이것은 인간만이 갖고 있는 힘이다. 위협을 느끼는 상황이라 할지라도 예외가 아니다.

호랑이에게 물려가도 정신만 똑바로 차리면 살 수 있다고 했다. 정신을 똑바로 차린다는 건 눈을 부라리면서 몸에 잔뜩 힘을 주라는 의미가 아니다. 어떤 상황에서든 무엇을 볼지를 선택하고 결정할 수 있는, 바로 그 힘을 쓰라는 의미다. 주의를 호랑이에 두면 두려움에 짓눌리고 말겠지만, 두려워하고 있는 자기 자신에게 두면 부정적 감정과 생각에 휩쓸리지 않는다. 정신을 똑바로 차려서 위험을 모면할 기회를 발견할 수 있는 것이다.

집중하는 대상을 바꾼다

하기 싫은 일을 하는 힘을 기르는 첫 번째 단계는 시선 옮기기다. 내가 그토록 두려워하고 싫어하던 비둘기를 만났을 때 평소와 달리 도망가지 않을 수 있었던 이유는 '시선'을 옮겼기 때문이다. 여기서 '시선'이란 '주의'다.

그렇다면 주의란 무엇일까? 의식 흐름과 감정론 등으로 심리학과 철학사상에 큰 영향을 끼친 미국 학자 윌리엄 제임스는 주의를 이렇게 정의했다. 정신이 어떤 대상이나 생각에 강렬하게 사로잡히는 것. 어떤 대상을 좀 더 효과적으로 다루기 위해 다른 대상들은 제쳐놓는 태도. 쉽게 말하면 주의는 우리가 알고 있는 집중이다.

프랑스 정신과 전문의 크리스토프 앙드레에 의하면, 의식은 '느끼고 지각하는 동시에 그렇게 느끼고 지각한다는 사실을 아는 것'이다. 즉, 의식이란 앞서 비유한 코끼리와 조련사다. 그러니까 이 책에서 말하고자 하는 주의 집중이란 의식(코끼리와 조련사)이 무언가에 초점을 두고 다른 대상을 제쳐놓고 있는 상태다.

코끼리는 어떤 대상을 느끼고 지각한 후 반응한다. 그 반응이 감정이다. 즉 '현실 상황이나 기억에 존재하는 실제적 혹은 상상의 자극에 반응하는 것'이 감정인 것이다. 감정은 에너지를 갖고 있다. 그 에너지가 생각하고 행동하게 만든다. 때로는 몸에서 어떤 현상으로 나타나기도 한다.

두려움이나 위협 또는 혐오를 느끼면 분노나 슬픔 같은 감정을 표출한다. 이런 감정은 억누르기가 힘들다. 코끼리가 반응하면서 만든 에너지이기 때문이다. 감정이 격렬할수록 에너지도 크다. 감정을 억누른다는 것은 자극이 싫어서 몸을 거칠게 돌리는 육중한 코끼리를 억지로 잡아끄는 시도와 같다.

이때 조련사 역할이 중요하다. 조련사가 흐리멍덩하거나 코끼리랑 똑같이 싫은 대상이나 상황에 주의를 두고 있으면 코끼리에게 꼼짝없이 끌려가게 된다. 조련사는 재빨리 싫은 대상에서 주의를 거둬야 한다. 그리고는 코끼리를 집중해서 지켜봐야 한다. 그래야 코끼리의 반응과 행동을 다스릴 수 있다.

왜 그럴까? 감정이 갖고 있는 에너지 때문이다. 그 에너지로 우리는 분노나 슬픔, 기쁨 같은 감정을 표출하고 도망이나 공격 같은 행동을 유도한다. 그뿐만이 아니다. 그 에너지는 어떤 생각을 자극하기도 한다. 그런데 유유상종이라고 부정적 감정은 부정적 생각을 불러온다. 그리고 생각은 또다시 감정에 영향을 미쳐 부정적 감정을 키운다. 악순환에 빠지는 것이다.

자동차 액셀러레이터에 발을 올려놓고 있으면 더 누르지 않아도 주행속도가 점점 빨라지는 현상과 같다. 싫은 대상에 주의를 계속 두고 있으면 그 대상을 보고 처음 가진 감정이 계속 커지는 것이다. 악순환에 빠지면 스스로 제어할 수 없는 지경이 된다. 싫어서 도망가거나 불평불만을 늘어놓을수록 그 대상이 점점 더 싫어지는 경험을 해보았을 것이다.

회피나 불평불만은 액셀러레이터를 더 세게 밟는 꼴이다.

자동차 속도를 줄이려면 액셀러레이터에서 발을 떼는 수밖에 없다. 그런 다음 브레이크를 살짝 밟는 것이다. 싫은 대상에서 주의를 거두는 것이 바로 액셀러레이터에서 발을 떼는 것이다. 더 이상 싫은 걸 보지 않으니 싫은 마음, 도망가고 싶은 마음도 커지지 않는다. 그러고 나서 싫은 대상 대신 코끼리를 지켜본다면 브레이크를 밟은 것이다. 계속 브레이크를 밟고 있으면 속도가 줄듯이 코끼리를 지켜보고 있으면 싫은 마음도 차츰 잠잠해진다.

시선을 옮기면 두려움도 사라진다

감정이 치밀어 오르는 상태에서 주의를 다른 데로 돌릴 수 있을까 하는 의구심이 들 수도 있다. 당연히 할 수 있다! 우리는 이미 그와 비슷한 태도를 취하고 있기 때문이다. 많은 사람이 영화를 보다가 무섭거나 끔찍한 장면이 나오면 눈을 가린다. 그런 행동이 바로 주의 집중, 즉 '시선'을 옮기는 것이다. 액셀러레이터에서 발을 떼면 더 이상 주행 속도가 올라가지 않는 것처럼 시선을 옮겨서 다른 것을 보니, 두려움이나 혐오 같은 싫은 감정이 더 이상 커지지 않는다.

영화 볼 때와 일상에서의 차이점은 한 가지다. 영화를 볼 때는 무서운 장면에서 시선을 거두고 나서 주의를 코끼리에 두는 게 아니라 그저 코끼리 눈을 가리기만 한다는 점이다. 여기까지만 해도 코끼리가 더 이상 시각적 자극을 받지 않으니 큰 반응을 하지는 않는다.

하지만 현실은 영화를 볼 때와 다르다. 코끼리 눈만 가리고 있으면 되는 게 아니라 주의 집중을 싫은 대상에서 나 자신에게로 옮기는 것이 중요하다.

싫은 마음에 휘둘리지 않고 내 의지대로 대응하는 방법은 내가 비둘기 공포증을 극복한 방법과 같다. 싫은 대상에서 주의 집중을 거두고, 대신 싫어하고 있는 나, 그것에서 도망가려고 하는 내 안의 코끼리를 있는 그대로 지켜보는 것이다.

관찰하기만 해도 마음을 다스릴 수 있다

1930년대 미국 국립아카데미에서 조명의 밝기와 작업의 효율성이 연관이 있는지를 알아보는 실험을 했다. 실험 대상은 시카고 외곽에 있는 공장 직원들이었다. 연구진은 조명이 그대로일 때, 밝게 했을 때, 어둡게 했을 때 각각 직원들의 작업 양과 질을 측정했다. 결과는 의외였다. 세 경우 모두 능률이 올랐다. 연구진은 고민 끝에 결론을 냈다. 작업 효율에 영향을 미치는 요소는 조명 밝기가 아니라 관찰 행위 자체라는 것이다. 누군가 지켜보고 있다는 것을 자각한 직원들이 자기도 모르게 업무 능률을 높인 것이라고 연구진은 설명한다.

스스로 누군가 지켜보고 있다고 생각함으로써 자기 삶을 바꾸고 있는 사람도 있다. 가수 이상민이다. 그는 과거에 가수로서 최고 위치에 올라 부와 인기를 얻었다. 잘나가던 시절 자만과 허세가 하늘을 찔렀다고 한다. 그 기세로 가수 양성 사업을 크게 벌이다가 빚더미에 앉게 되었다. 그는 요즘 다시 일어서고 있다. 한 인터뷰에서 고초를 겪고 나서 깨달은 삶의 정수를 얘기하는 데 귀 기울여 들을 만하다. 그는 스스로 행동을 절제하는 방법을 찾았다고 한다.

"사실은 누군가가 지금 나를 지켜보는 중이라고… 다른 40대들도 누군가 자신을 지켜보고 있다고 생각하고 살면 조금 달라진 삶을 살 거라고 자신 있게 얘기할 수 있습니다. 그러면 행동을 잘할 수밖에 없고, 그러다 보면 좋은 습관이 생기고, 그 습관은 결국 좋은 사람을 만들죠."

그는 스스로 관찰의 힘을 이용하고 있었다.

공장에서 한 실험은 실제 제3자가 공장 직원을 관찰한 것이었지만, 방송인 이상민은 관찰자의 시선을 스스로 의식해 자기 자신을 객관화한 것이다. 실제 자신을 지켜보는 사람이 있는지 없는지는 당사자 입장에서 큰 차이가 없다. 스스로 관찰자의 시선을 의식하기는 마찬가지이기 때문이다. 스스로 의식하는 그 시선이 바로 코끼리 위에 올라 타 있는 조련사다.

억지로 참지 않고 금연에 성공하는 법

관찰의 힘을 보여주는 또 다른 실험을 보자. 한 여성 흡연자가 있다. 그녀는 대학에 입학하면서 동기, 선배와 어울려 담배를 피우기 시작했다. 입시에 대한 해방감도 있었고 담배를 피우면 왠지 진짜 어른이 된 듯한 기분이 들었다. 대학 졸업 후 직장 생활을 하면서도 줄곧 담배를 피웠다. 결혼할 때가 되자 임신과 출산을 준비해야 했다. 담배도 그만 피워야겠다고 결심했다. 혼자서 금연하려고 애썼지만 매번 실패했다. 상담도 효과가 없었다. 특히 회식자리에서 동료가 담배를 피울 때는 정말 참기가 힘들었다. 흡연 문제로 고민이 많던 차에 금연 실험 연구에 참여하라는 권유를 받았다.

그곳에서 제안하는 방법은 특이했다. 담배를 피우고 싶을 때 금연해야 한다고 스스로 강제하지 말고 그냥 피우라고 한다. 단, 담배를 피울 때 멍하니 있지 말고 느낌이 어떤지 관찰하라고 했다. 담배를 들이마실 때 나는 냄새, 입 안이나 목의 느낌, 가슴 혹은 다른 부위에서 어떤 느낌이 일어나는지 살펴보라는 것이다.

그녀는 담배를 피우면서 주의 깊게 자기 몸에서 일어나는 느낌을 관찰했다. 잘 안 됐다. 이상한 냄새가 나는 듯했지만 곧바로 주의가 흐트러졌다. 몇 번을 시도하다가 어느 날, 주의가 금방 흐트러지지 않고 조금 오래 집중이 지속됐다. 화학물질 같은 이상한 냄새가 났다. 역겨웠다. 토할 것 같았다. 흡연 시 기분이 좋은 게 아니라 몸 느낌은 그 반대라는 사실을 발견했다. 이후 담배 피우고 싶은 욕구가 급격하게 감소했다. 이상한 냄새를 한 번 맡고 나니 그 냄새를 더 잘 감지하게 됐다. 기분 나쁜 느낌도 점점 커졌다. 얼마 안 가 더 이상 애쓰지 않아도 담배를 피우지 않게 됐다.

이 연구를 진행한 사람은 미국 매사추세츠 의대 정신의학과 교수 저

드슨 브루어다. 그는 이런 방식으로 흡연뿐만 아니라 단 음식을 먹는 습관 등 개선하고 싶은 온갖 나쁜 습관을 고칠 수 있다고 주장한다. 관찰은 단지 '해롭다, 해서는 안 된다'는 피상적 인식 수준을 넘는다. 해로운 상황이나 그 느낌을 정확히 확인하면서 본능적 환멸을 이끌어낸다.

참거나 억누르는 행동은 어디까지나 전전두엽피질이 제 기능을 할 때, 인지적 과정을 거쳐서 이루어진다. 그런데 전전두엽피질은 스트레스에 약한 게 문제다. 스트레스를 받으면 나쁜 습관이 나오게 되는데, 동시에 전전두엽피질의 활동이 둔해지는 바람에 그 욕구를 억제하는 기능도 순간적으로 저하된다. 실제로 4주 동안 '관찰하는 방법'으로 금연에 성공한 비율(36%)은 일반 금연 치료 성공률(15%)보다 두 배 이상 높았고, 17주 후에는 31%와 6%로 다섯 배 이상 높았다.

이 실험으로 우리는 행동이나 태도 같은 동작이 큰 활동뿐만 아니라 미세한 느낌도 스스로 관찰할 수 있다는 사실을 알 수 있다. 자기 자신에게 주의를 기울이고 몸의 느낌을 성의 있게 관찰하면 억지로 참거나 억누르지 않아도 자연스럽게 욕구를 다스릴 수 있다는 사실도 확인할 수 있다.

조련사가 코끼리를 다그치지 않아도, 애정 어린 관심을 두기만 해도 대부분 코끼리는 얌전해진다. 그리고 조련사에게 복종한다. 이것이 관찰의 진짜 힘이다.

내 몸을 바라보면 무의식적 욕구를 알 수 있다

하기 싫은 일을 하기 위해서는 내 안의 코끼리를 먼저 다스려야 한다. 내 의지와 어긋나지 않도록 코끼리를 먼저 설득해야 하는 것이다. 따라서 내 안의 코끼리를 먼저 이해하려는 자세가 필요하다. 이해하려면 우선 코끼리가 하는 말을 귀담아 들어야 한다. 어떻게 해야 코끼리, 즉 무의식이 하는 말을 들을 수 있을까?

머릿속에 떠오르는 생각을 주시해야 할까? 아니다. 생각은 해석이나 분석 또는 판단으로 이어지기 때문에 그다지 믿을 만하지 않다. 생각을 살피다 보면 나도 모르게 코끼리가 하는 행동의 원인을 파헤치거나 옳고 그름을 심판하게 된다. 아니면 해결 방안을 궁리한다. 원인 분석, 심판, 해결 방안 모색은 코끼리를 이해하는 게 아니라 자기 생각에 빠져 있는 상태다. 생각 속에서 헤매는 동안 코끼리의 난동은 걷잡을 수 없이 심해진다. 이해한다는 것은 그저 상대를 있는 그대로 바라보는 것이다.

그럼 무엇을 봐야 할까? 몸이다. 육체를 영혼의 감옥으로 폄훼하는 플라톤식 사고와 금욕을 신성시하는 종교적 분위기가 지배하던 과거 서양 문화에 영향을 받아 몸은 줄곧 홀대받고 있다. '감정 시대'라고 할 만큼 인간은 감정적 동물이라는 시각이 대두되고 있지만, 여전히 몸에는 관심을 두지 않는다. 감정마저 생각으로 분석한다. 분노나 두려움에 휩싸일 때 몸에서 어떤 느낌이 일어나는지 실제 자신의 느낌을 살펴보기보다 왜, 어떤 원리로 그런 감정을 느끼는지 머리를 굴리며 생각한다. 몸보다는 정신이 우선이라고 여기기 때문이다. 감정이 뇌의 문제만은 아닌데도 말이다.

프랑스 정신과 의사 크리스토프 앙드레는 몸에 대한 우리 태도를 이렇게 꼬집는다. "우리는 몸에게 침묵(건강)을, 희열(감각)을, 복종(이동과 기능)을 기대한다." 그래서 대개 건강에 아무 문제가 없을 때는 몸을 홀대한다. 그러다 어디가 아프면 지나치게 걱정하는 극단적 반응을 보인다고 그는 지적한다.

몸이 말해주는 것들

몸은 정신(마음)과 조금도 분리돼 있지 않다. 니체에 의하면 정신, 육체, 의지 가운데 어느 하나가 우위에 있지 않다. 하기 싫은 마음, 자기 멋대로 움직이는 코끼리를 다스리려는 우리에게 몸은 세 가지 측면에서 유용하다.

첫째, 몸을 통해서 무의식을 알 수 있다. 몸은 의식보다 무의식 영역이 훨씬 크다. 우리는 몸을 이동과 기능 수단으로 여긴다. 그러다 보니 몸에서 일어나는 무의식의 역할을 간과한다. 단적으로 혈액순환, 소화작용 같은 생체 작용을 떠올려보라. 우리가 전혀 신경 쓰지 않아도 이 시스템은 1년 365일 하루도 빠짐없이 24시간 내내 알아서 작동한다. 운동이나 음식 조절은 이 시스템에 보조적 영향을 끼칠 뿐이다. 움직이는 것도 마찬가지다. 걸으려면 양쪽 발과 다리 근육을 적절히 수축 이

완해야 한다. 우리는 이러한 근육 움직임을 일일이 계산하고 조절할 수 없다. 무의식이 그 일을 하고 있는 것이다.

그동안 우리는 무의식을 감히 접근할 수 없는 미지의 영역으로 여겼다. 신은 인간을 그렇게 어렵게 만들지 않았다. 무의식은 오히려 의식보다 더 확실하게 우리 눈앞에 존재하고 있었고 늘 신호를 보내고 있었다. 몸의 느낌을 통해서 말이다. 긴장할 때, 스트레스를 받을 때, 편안할 때, 어떤 감정을 느낄 때 몸은 거짓 없이 신호를 보낸다. 다만 우리가 그 신호를 소홀히 대했을 뿐이다. 놀라거나 위험할 때 순간적으로 몸을 움찔하는 것도 무의식적 반응이다. 따라서 우리는 몸을 통해서 자신에 대해 많은 정보를 얻을 수 있다.

둘째, 몸을 통해서 욕구를 다스릴 수 있다. 희로애락 같은 감정의 직접적 원인이 대부분 몸 상태에 있기 때문이다. 대표 증상이 여름에 생기는 불쾌감이다. 덥고 습한 날, 별다른 이유 없이 짜증이 난다. 몸에서 느끼는 불쾌감 때문이다. 종종 싸움도 일어난다.

불쾌지수는 이제 여름날 쉽게 접하는 여러 생활 정보 가운데 하나다. 지금 내 감정이 상하는 게 다른 이유가 아니라 단지 날씨로 인해 내 몸의 느낌이 안 좋기 때문임을 알면 불필요한 다툼을 막을 수 있기 때문이다.

니체는 《도덕계보학》 세 번째 논문인 〈금욕주의적 이상은 무엇을 의미하는가?〉에서 삶에 대한 불쾌하고 괴로운 느낌에 대해서 말한다. 그 원인은 대부분 몸의 생리적 증상에 있다는 것이다. "그 원인은 아마도 교감신경의 병에 있을지도 모르며 혹은 지나친 담즙 분비라든가 혹은 혈액에 유산이나 인산이 결핍되었기 때문일 수도 있다. 혹은 혈액순환을 방해하는 복부 장애라든가 난소 퇴화 그리고 기타 것에 있을지도 모른다."

미국 철학자이자 심리학자인 윌리엄 제임스 역시 비슷하게 설명한다. "주관적 감정 경험은 어떤 사건을 겪으면서 일어나는 여러 몸 상태에 대한 뇌 해석에 따른 것이다."

뇌과학으로 설명하면, 몸 감각과 감정을 처리하는 뇌 부위가 같다. 섬엽이다. 즉, 감각 정보든 감정 정보든 뇌는 섬엽에서 같은 것으로 처리하고 서로 영향을 주고받는다. 실험에 의하면, 몸 감각을 잘 느끼는 사람일수록 자기 감정도 잘 파악한다. 한마디로 감정은 생각에 대한 몸의 느낌이다. 따라서 우리는 감정의 진원지인 몸을 다루어야 한다.

마지막으로, 몸은 '생각'과 달리 눈에 보인다. 몸은 지금 여기 현실 속에 존재하고 있고 단순 명확해서 집중하기에 좋다. 몸을 관찰하는 연습으로 자기 자신을 보는 힘을 키우면 자연히 생각과 감정, 정서를 제때 파악하는 힘이 커진다.

통증의 의미

인간은 감각적 쾌락을 매우 좋아한다. 직장 다닐 때 내가 스트레스를 그런대로 견딜 수 있었던 건 감각적 쾌락 덕분이었다. 나는 회의나 프로젝트를 끝낼 때마다 의식처럼 목욕을 했다. 일하면서 받았던 압박감에서 벗어나 뜨거운 물에 몸을 담그면 피부에 닿는 따뜻하고 안락한 느낌이 너무나 좋았다. 맛있는 음식을 먹을 때도 우리는 행복 비슷한 쾌락을 느낀다.

언뜻 행복을 정신적인 무엇이라고 생각하지만 실제로 우리가 행복하다고 여기는 때는 대개 몸 감각이 즐거울 때다. 다른 모든 게 만족스러워도 몸에 통증이 있거나 불편하면 만족을 느끼기 어렵다.

감각적 쾌락의 최대 단점은 내성이 생긴다는 점이다. 이전과 같은 쾌락을 맛보려면 점점 더 큰 자극을 받아야 한다. 그 욕망을 충족시키지 못하면 오히려 불행을 느낀다. 그만큼 우리는 감각적 불쾌를 싫어한다. 그런데 거기에 장점이 있다. 그 덕분에 욕구라는 덩치 큰 코끼리를 다루기가 한결 수월하다. 불쾌감을 느끼는 몸에 주의를 기울이기만 해도 내 삶의 만족도를 떨어트리는 요소를 다룰 수 있기 때문이다. 격렬한 감정이 일어날 때는 느낌도 거칠다. 기쁨, 슬픔, 분노, 상실, 압박 같은 스트레스가 있을 때 생기는 느낌은 조금만 주의를 기울이면 어렵지 않게 알아차릴 수 있다.

그동안 무시해온 몸의 느낌만 예의 주시해도 욕구에 휘둘리지 않도록 자기 자신을 다스릴 수 있다. 코끼리를 자세히 관찰하고 소통할수록 코끼리의 미세한 표정 변화를 읽을 수 있다. 작은 변화를 알아차리면 코끼리를 쉽게 다룰 수 있다.

호흡을 그냥 지켜보기만 하자

내가 호흡에 관심을 갖게 된 계기가 있다. 살면서 가장 신기한 경험이었다. 갑작스러운 남편 수술로 인해 나는 적지 않은 충격을 받았다. 그때 나는 책에서 많은 위로를 얻었다. 그 가운데 법상 스님이 들려주는 일화가 있었다.

어느 남성이 법상 스님에게 고민을 털어놓았다. 사춘기 딸이 집을 나가서 걱정되고 괴롭다고 했다. 딸이 별 말썽 없이 잘 지내는 줄 알고 있었는데 학업 스트레스가 쌓였던지 어느 날 아빠와 다투고는 집을 나갔다고 한다. 며칠이 지나도록 연락조차 되지 않는 상태였다. 법상 스님은 그저 자기 호흡에 집중해보라는, 조금 특이한 처방을 내렸다. 호흡을 보면서 들숨을 쉴 때 '감사' 하고 속으로 되뇌고, 날숨에 '사랑' 하고 되뇌기를 하루에 백 번씩만 해보라고 했다. 남자는 지푸라기라도 잡고 싶은 심정이었던지라 스님이 시키는 대로 열심히 했다. 1~2주 정도 지났을까? 어느 날 딸이 무사히 돌아왔다고 했다.

당시에 나는 이 얘기를 사뭇 인상 깊게 읽었다. 직장 생활만 하던 내가 별안간 집에서 하루 종일 수술한 남편 끼니를 챙겨야 하는 물리적 문제부터 남편의 건강, 재정문제, 2세 계획 등 미래에 대한 불안까지 더해 걱정과 우울감에 짓눌려 있었다. 게다가 퇴원한 지 얼마 되지 않았던 때라 어머니가 한두 시간에 한 번씩 전화를 했다. 할 말도 없고, 계속 같은 말을 하시는 어머니에게 대꾸하는 일도 만만치 않았다.

스님이 알려준 방법을 나도 시도해봤다. 처음이라 그런지 백 번은커녕 몇 번밖에 하지 못했다. 그래도 생각날 때마다 수시로 들숨과 날숨을 자각하면서 속으로 '감사'와 '사랑'을 반복했다. 영혼 없이 그냥 호흡 따라 '감사'와 '사랑'을 되뇌었다.

이삼일 정도 지났을까? 책 속의 남자처럼 그렇게 간절하게 꾸준히 오랫동안 하지도 않았는데 큰 변화가 생겼다. 한두 시간 간격으로 전화하시던 어머니가 갑자기 며칠에 한 번 전화를 하셨다. 특별한 계기도 없었는데 말이다. 구체적으로 뭔가를 바라고 감사 사랑 호흡을 했던 것도 아니니 우연이라고 치부하면 아무것도 아닌 일이다. 하지만 나로서는 그 불가사의한 힘에 놀라지 않을 수 없었다.

그때 이후 나는 본격적으로 호흡에 관심을 뒀다. 그렇다고 자주 명상을 하거나 들숨 날숨을 보면서 속으로 되뇌지는 않았다. 가끔 잠깐씩 호흡에 주의를 두는 게 전부였다. 그래도 지속적으로 호흡에 관심을 두자 차츰 호흡에서 몸으로까지 주의를 확장할 수 있었다.

호흡과 호르몬의 관계

실제로 깊은 호흡에는 이로운 효능이 있다. 생리적인 면에서 보면, 호흡은 호르몬 분비에 영향을 미친다. 긴장이란 교감신경이 자극 받을 때 나타나는 현상이다. 자주 긴장하면 자율신경이 균형을 잃는다. 호흡이 짧고 거칠어진다. 반면, 깊이 호흡하면 부교감신경을 활성화시킨다. 부교감신경이 활동하면 몸이 이완되고 뇌파가 안정적으로 변한다. 무엇보다 세로토닌 분비를 촉진한다. 세로토닌은 공격적이고 폭발적 감정 상태일 때 나오는 호르몬을 중화시킨다. 쾌감과 중독을 일으키는 엔돌핀과 도파민 과잉 분비도 조절한다. 감정이 어느 한쪽으로 치우치지 않도록 조절함으로써 몸과 마음을 편안하게 해준다. 이런 역할 때문에 행복 호르몬이라고도 부른다. 자율신경이 균형을 회복하면 비로소 상황을 제대로 파악하고 바른 대처를 할 수 있다. 자기 자신도 깊이 들여다볼 수 있다.

호흡 훈련하기

미국 특수부대 '네이비실'은 호흡 훈련을 한다. 육해공 어디서든지 전투하는 특수부대인 만큼 대원들은 극한 스트레스를 받으면서도 명확한 판단을 해야 하는 상황에 자주 처한다. 만약 이들이 화, 공포, 불안이나 회피 충동에 휘둘려 도망가거나 반대로 섣불리 공격하면 그들 자신과 작전이 매우 위험해진다. 그래서 이들은 강도 높은 마인드 트레이닝을 받는다. 대표적인 방법이 호흡에 주의를 두는 연습을 하는 것이다. 호흡에 주의를 두고 있으면 숨이 저절로 깊어진다. 깊은 날숨이 긴장을 완화시켜 공포감을 줄인다. 깊은 들숨을 쉬면 뇌에 산소가 충분히 공급돼서 이성적 판단에 도움이 된다.

그렇다면 호흡 연습을 어떻게 해야 할까? 긴장을 풀기 위해서라면 의도적으로 천천히 숨을 들이쉬고 내쉬는 것이 좋다. 하지만 자기 자신을 관찰하기 위한 목적이라면 조금 달리 해야 한다. 호흡을 조절하려는 의도 없이 자연스러운 호흡을 '그냥' 관찰만 하는 것이다.

숨이 들락날락하는 곳은 콧구멍이다. 하지만 코에 집중하기란 오래 지속하기 어렵다. 콧구멍 감각은 변화가 크지 않기 때문에 다른 생각에 빠지기가 쉽다. 무엇보다 우리의 궁극적 목적은 몸의 느낌을 알아차리는 것이므로 굳이 움직임이 없는 곳에 주의를 두려고 애쓸 필요는 없다.

차라리 배에 주의를 두는 것부터 시작하자. 배는 움직임이 비교적 큰 편이라서 지켜보기 쉽다. 숨을 들이마시고 내쉴 때마다 배도 같이 움직인다. 숨에 따라 배가 오르락내리락하는 것을 가만히 지켜보고 있으면 의도하지 않아도 호흡이 저절로 깊어진다.

호흡이 깊지 않아도 된다. 일부러 깊은 숨을 쉬려고 하지 않는 것, 즉 호흡을 조종하려고 하지 않는 것이 중요하다. 눈을 반드시 감아야 할 필요도 없다. 일상생활 중에 일어나는 충동이나 욕구를 지켜보려면 눈 감고 있기 어려운 상황이 많다.

생각에 빠지지 않고 그저 가만히 배를 지켜보는 데 익숙해지면 주의를 가슴까지 확장시켜 보자. 나는 숨을 들이마실 때 배가 부풀어 오르면서 가슴이 살짝 오르고 내쉴 때 배와 가슴이 내려앉는 것을 느낀다.

이것이 정답은 아니다. 정답은 없다. 각자 숨 쉴 때마다 배와 가슴에 주의를 두고 그 움직임과 느낌을 있는 그대로 살피는 것이 중요하다. 뭔가를 알아내거나 느끼려고 애쓸 필요도 없다. 주의를 두고 있는 상태 자체가 느끼는 것이다.

때로 가슴만 봐도 좋다. 호흡과 함께 살짝살짝 솟았다가 꺼지는 가슴 부위에 주의를 둔다. 느낌을 응시해보는 것이다. 심장이 있는 가슴 부위에는 꽤 강한 파동 에너지가 있다. 측정해보면 뇌파보다 심파가 천 배 더 강하다고 한다. 분노나 슬픔, 두려움으로 심장 박동이 빨라지면 파동이 더 강해지기 때문에 더 쉽게 알아차릴 수 있다. 불안이나 하기 싫은 마음이 일 때도 가슴의 느낌이 거칠다.

평소 성실하게 배와 가슴 호흡에 주의 집중하는 연습을 해둬야 한다. 그래야 싫어서 견디기 힘들 때, 도망가고 싶을 때, 안절부절못할 때, 긴장할 때, 실력을 발휘할 수 있다.

호흡을 '그냥' 보기만 해야 하는 이유

욕구를 다스리는 방법은 몸에서 일어나는 느낌을 관찰하는 것이다. 그런데 왜 호흡을 지켜보는 연습을 하는 걸까? 그 이유는 첫째, 생각 때문이다. 우리는 생각에 너무 익숙하다. 생각이란 곧 분석과 해석이다. 자기가 알고 있는 지식과 자신의 시각으로 분석하고 해석하다 보면 어느새 이야기를 만든다. 판단까지 한다. 심지어 감정도 생각으로 분석하고 파헤친다. 이런 과정을 거치면 우리는 대상을 더 이상 있는 그대로 보지 못한다. 코끼리를 있는 그대로 봐야 하는 우리에게 가장 해로운 습관이다. 호흡이라도 가만히 두고 보는 연습을 하지 않으면 느낌도 생각으로 분석하고 판단하려고 들 것이다. 그러면 코끼리의 진짜 표정을 읽지 못한다.

둘째, 호흡은 무의식과 의식이 만나는 지점이기 때문이다. 호흡은 하루 종일, 일평생 전혀 의식하지 않아도 저절로 이루어진다. 그 점에서는 무의식이지만, 우리는 의식적으로 호흡을 조절할 수도 있다. 따라서 호흡은 의식적으로 무의식에 접근할 수 있는 일종의 통로인 것이다.

우리는 코끼리의 표정과 목소리를 읽고 이해하려는 목적을 갖고 있으니 호흡 연습을 할 때 호흡을 조절하려고 하지 않는 게 중요하다. 호흡을 조절하려고 든다는 것은 곧 무의식을 조종하려는 태도다. 그건 이해하려는 것이 아니다. 코끼리를 다짜고짜 내 마음대로 움직이려는 수작과 다를 바 없다.

:: 2단계 나를 껴안기 ::

하기 싫어하는 마음을 달래면서 보듬자

히말라야에는 높이 8,000미터가 넘는 봉우리가 14개 있다. 완등하려면 히말라야가 허락해야만 가능하다는 말이 있다. 엄청난 높이와 험한 지형뿐만 아니라 영하 40도에 이르는 추위, 시속 80km에 달하는 강풍, 극도로 희박한 산소. 인간이 맨몸으로 극복하기 어려운 조건이다. 그래서 산소통은 기본이고 어마어마한 장비와 짐꾼 수백 명 그리고 그 비용을 대줄 스폰서를 확보하고 나서야 도전한다.

그런데 15kg 배낭 하나 달랑 메고 혼자 히말라야를 정복한 사람이 있다. 이탈리아 등산가 라인홀트 메스너다. 그는 그런 식으로 히말라야 14좌를 사상 처음으로 모두 올랐다. 그가 최소 장비로 등반하는 이유는 기록이나 명예, 애국심 또는 인류애 같은 게 아니었다.

그가 홀로 산을 오른 이유는 오로지 자기 자신을 위해서였다.

"나는 두려움을 통해서 이 세계를 새롭게 알고 싶고 느끼고 싶다."

"볼트를 바위에 박으면 어떤 암벽이라도 오를 수 있다. 그것은 자신이 할 수 없는 일을 트릭으로 해결하는 셈이다."

그는 두려움을 통해서 산과 자기 자신을 알고 느끼고 싶었다. 철저히 진실하게! 그래서 오직 자기 자신에게만 의지해서 올랐다. 달팽이처럼 천천히! 그렇게 히말라야 14좌는 물론 최초로 지구 7대륙 최고봉에도 올랐다. 남극과 그린란드, 고비 사막도 도보로 횡단했다. 고비 사막을 횡단할 때는 무려 예순 살이었다.

어떻게 이 모든 것이 가능했을까? 분명 자기 관리는 기본이었을 것이다. 평소 몸과 마음을 철저하게 훈련했을 것이다. 산을 오르는 타고난 재주도 있었을 테고, 히말라야가 허락할 만큼 운도 따랐을 것이다. 그 무엇보다 강력한 비법은 산을 오르는 내내 스스로에게 했던 말이다. "아무도 나에게 강요하지 않는다. 내려가고 싶으면 내려가자."

추위와 강풍이 몰아치는 산 중턱에서 홀로, 숨이 차서 헉헉거리면서 다음번 발을 어디에 놓을지 고심할 때마다 그만두고 싶은 강한 충동을 느꼈을 것이다. 오르는 내내 어서 이곳을 피해야 한다면서 코끼리가 몸부림쳤을 게 뻔하다. 만약 그때마다 '해내야 돼. 실패는 용납 못 해. 아무 장비 없이 홀로 오르겠다고 했을 때 못할 거라고 장담하던 사람들이 뭐라고 하겠어. 성공해야만 해. 난 할 수 있어. 성공할 거야!' 이렇게 다그쳤다면 어땠을까? 한두 번은 성공할 수 있었을 것이다. 하지만 결코 히말라야 14좌, 극지방, 사막까지 완주하지는 못했을 것이다.

'잘해야 돼, 잘할 수 있으니까 괜찮아.' 이런 격려는 자신감을 주지만 동시에 긴장하게 만든다. 자칫 잘못하면 다그침으로 변하기 쉽다. 그러면 나도 모르게 어깨가 딱딱해지고 호흡도 짧아진다. 근육이 긴장하고 호흡이 얕아지면 뇌에 산소가 부족해져서 올바른 판단을 내리기 어렵다. 에너지 소진이 커서 금방 지친다.

'연예대상의 저주'라는 말이 있다고 한다. 대상을 타고 나면 그다음 해부터 급격히 재능을 발휘하지 못하는 연예인들을 두고 나온 말이다. 개그맨 김영철은 〈무한도전〉에서 이제 큰 상은 안 줘도 된다면서 기도하는 흉내를 낸 적이 있다. 그는 최우수상을 받고 나서부터 잘해야 한다는 압박감 때문에 더 못하겠더라고 고백했다.

메스너의 성공 비결은 다름 아니라 코끼리를 보듬은 데 있다. 힘들고 위험한 일을 더 이상 하고 싶지 않을 때, 못할 것 같을 때 언제든 그만둘 여지를 남겨두면서 코끼리를 달래주고 숨통을 트여줬다. 자기 안에서 일어나는 두려움과 괴로움, 그만두고 싶은 욕구를 부정하거나 외면하지 않았기 때문에 가능한 일이었다. 그런 감정을 정확히 봤기 때문에 '언제든 내려가면 된다'라고 코끼리를 달랠 수 있었던 것이다.

'괜찮아'라는 말의 함정

해야 할 일이 있지만 몸이 좀처럼 말을 듣지 않을 때, 실패할까 두려워 움츠러들지만 많은 사람이 기대하고 있을 때, 준비가 충분치 않은 것 같아 불안하지만 어쩔 수 없이 해야만 할 때, 무섭지만 도망갈 곳이 없을 때, 건강검진 후 건강 이상이 걱정될 때 우리는 이렇게 말한다. 괜찮아. 아무 일 없을 거야. 잘될 거야.

화날 때도 슬플 때도 비슷하다. 화내지 마. 슬퍼하지 마. 괜찮아, 별일 아니야.

이렇게 스스로를 위로하고 달래본다. 언뜻 효과도 있는 것 같다. 하지만 오래가지 않는다. 금세 다시 부정적 감정에 사로잡힌다. 코끼리 입장에서 그런 말은 다그침과 다르지 않기 때문이다. "괜찮아"라는 말에는 괜찮으니까 "그러지 마!"라는 의미가 숨어 있다. "잘될 거야"라고 격려하지만 납득할 만한 근거가 불명확하다. 무조건 잘하라고 몰아붙이는 것처럼 들린다. 코끼리는 무섭고 불안하고 슬프고 화가 나 있는데, 코끼리 반응을 부정하고 거부하니, 위로의 말이 잘해야 한다는 채찍질이 돼버리는 것이다.

위로를 가장한 채찍질이 양육 방식 때문이라는 견해도 있다. 유아기에는 속상하거나 짜증나거나 화가 나면 우는 것으로 표출한다. 아이가 울면 부모는 "괜찮아. 울지 마"라는 말로 달랜다. 아이 입장에서는 뭐가 괜찮은 건지 모른다. 아무튼 부모가 "괜찮으니까 울지 말라"고 계속 말하니까 아이는 이내 자기감정을 억누른다. 자기감정을 정면으로 바라보고 풀어질 때까지 기다리는 대신 부정적 감정에서 재빨리 회피하도록 꾸준히 연습하는 셈이다. 그렇게 자란 아이가 어른이 되면, 더 이상 울음을 그치라고 다그치는 사람이 없어도 '괜찮으니까 울지 말라'고 스스로 다그치게 된다.

회피하면 불안 걱정이 더 커진다

스탠포드대 정신의학과 교수 빅터 카리온은 불안과 걱정을 가중하는 주요 원인이 회피라고 말한다. 스트레스 받지 않으려고 도망가는 과정에서 오히려 스트레스가 커지는 것이다. 회피 유형 가운데 최악은 "이건 걱정거리도 아니야"라고 하면서 상황을 부정하는 태도다. 자기감정을 회피하고 억누르려면 상당히 많은 에너지를 써야 하기 때문이다. 불필요한 에너지를 사용하느라 다른 과제를 수행하는 데 필요한 힘을 제대로 발휘하지 못한다. 결국 기대에 못 미치는 성과가 나오고, 그 때문에 스트레스를 받는 악순환에 빠진다. 이런 일이 반복되면 사소한 일이나 좌절에 쉽게 낙담하는 성향을 갖게 된다. 심리학에서는 이를 '자아 고갈'이라고 한다.

조련사(관찰자)가 코끼리를 이해하려면 어떤 감정이나 욕구가 일어나든 그대로 놔둬야 한다. 그래야 코끼리의 상태를 있는 그대로 볼 수 있다.

이제는 다르게 해보자. 그동안 하던 말에서 앞뒤 단어를 바꾸는 것이다. "괜찮으니까 울지 마"가 아니라 "울어도 괜찮아"로, "괜찮으니까 불안해하지 마"를 "불안해해도 괜찮아"로, "별일 아니니까 화내지 마"를 "화내도 별일 없을 거야"로 바꾸어 스스로에게 말해보자.

울부짖거나 벌컥 화를 내라는 의미는 결코 아니다. 감정이나 욕구를 억누르지 않는 것과 그 감정을 실행에 옮기는 것은 별개다. 감정을 실행에 옮기는 게 아니라 자기감정과 상태를 스스로 인정하고 그것에 관심을 기울이라는 말이다.

운동할 때 확연히 느낄 수 있다. 가령, 요가를 할 때면 딱히 의도적으로 마음먹지 않아도 저절로 잘하고 싶은 마음이 든다. 잘 안 되는 동작을 하면서 낑낑대다 보면 문득 몸에 힘이 잔뜩 들어간 걸 깨닫는 때가 있다. 이때 재빨리 속삭인다. '아, 내가 잘하고 싶어 했구나. 못해도 돼,

괜찮아.' 이렇게 속으로 타이르면 금세 근육이 이완되고 몸이 부드러워진다. 잘하고 못하고를 떠나서 동작을 하기가 한결 수월해진다.

하기 싫을 때도 마찬가지다. 실내자전거를 탈 때 20~30분 정도 지나면 하기 싫은 욕구가 고개를 내민다. 그때부터 5분이 고비다. 나도 모르게 하기 싫은 마음을 억누르다가도 '아, 지금 내가 하기 싫어하는구나. 그래, 정 하기 싫으면 그만해야겠다'라고 속삭이면 순간적으로 편안해진다. 그렇게 달래고 나서 2~3분 더 지켜보면서 자전거를 타면 어느새 목표치에 도달한다.

충분히 시선을 주기만 하면 얌전해지는 코끼리

평생 잊지 못할 부부 싸움을 한 적이 있다. 격렬한 감정에 휩쓸렸지만 본능적으로 반응하지 않았던 내 첫 경험이다.

나는 나갈 때 서두르지 않는 편이다. 약속시간에 딱 맞춰 나간다. 반면 남편은 늘 먼저 가서 기다리는 스타일이다. 내가 시간에 맞춰 부랴부랴 나갈 때마다 핀잔을 준다.

그날은 남편과 함께 나가야 할 상황이었다. 남편은 서둘러 준비를 끝내고는 현관에 서서 내게 나가자고 재촉했다. 나는 거실에서 빨래를 개고 있었다. 나는 "뭘 그리 서두느냐"면서 늦장을 부렸다. 남편은 내 태도에 화가 났던 모양이다. 등 뒤에서 화난 목소리가 들렸다. "당신은 집에서 대체 하는 일이 뭐야?" 순간 버럭 화가 났다. '내가 집에서 하는 일이 대체 뭐냐고? 몰라서 묻는 거냐! 내가 왜 집에서 이러고 있는데! 내가 놀고 있냐?' 머릿속에서 이런 문장이 소용돌이쳤다. 정수리 위로 증기가 몽글몽글 솟아오르면서 심장이 벌렁벌렁거리기 시작했다.

그렇지만 아무 말도 하지 않았다. 묵묵히 계속 빨래를 갰다. 즉각 반박하지 않은 이유는 가슴이 너무 심하게 벌렁거렸기 때문이다. 심박이 요동치자 의식이 자연히 가슴으로 갔다. 손은 빨래를 개고 있지만 내 주의는 벌렁거리는 가슴에 가 있었다. 호흡도 거칠었다. 자동반사적으로 '이러면 안 되는데, 화 내지 말자.' 이런 속삭임이 튀어나오려고 했다.

그 순간 자동반사적 반응에 제동을 걸었다. '내버려두자.' 그리곤 다르게 되뇌었다. '내가 화를 내고 있구나. 그래, 나는 화가 난다. 화가 난다. 화…' 벌렁거리는 가슴의 느낌과 거친 호흡을 주시하면서 동시에 그렇게 되뇌었다. 거친 느낌이 사라지고 호흡이 잠잠해질 때까지 계속 내 화를 직시했다. 화가 내 안에 있음을 인정하면서 지켜보았다. 조금 있으니 가라앉았다. 밖으로 나갔다.

남편은 먼저 나가 차에 타고 있었다. 그때 나는 완전히 차분해진 상태였다. 화가 가라앉으니 남편 입장에서는 화났을 만도 하단 생각이 들었다. 그래도 남편이 내게 한 말은 잘못이다. 나는 차분하게 말을 꺼냈다. 먼저 남편 입장과 기분을 이해한다고 말했다. 내가 부족한 부분이 있는 게 사실이고, 그 점에 대해서는 미안하다고 했다. 그래도 남편이 내게 집에서 아무 하는 일 없이 노는 사람이라고 말하면 나는 속상하고 서

운하다고 말했다. 굳은 표정으로 듣고 있던 남편은 기대하지 않았던 말을 했다. "내가 잘못했어."

으쓱했다. 남편이 순순히 사과한 것도 좋았지만, 화가 나는 순간적 감정에 휩쓸리지 않았던 나 자신이 대견했다. 순간적으로 치솟은 감정을 가라앉히자 내 부족한 부분도 보였고 남편 입장도 이해할 수 있었다. 자연스럽게 남편에게 내 실수를 인정할 수 있었고, 남편이 잘못한 부분과 그로 인한 내 기분도 담담하게 말할 수 있었다. 만약 내가 격앙된 채 즉각 반박했다면 싸움이 커졌을 것이다.

부정적 감정 응시하기

부정적 감정을 또렷이 바라보고 내 안에 머무르도록 가만히 두는 일은 결코 쉽지 않다. 우리는 너무도 당연하게 분노나 슬픔, 불안 같은 부정적 감정을 무조건 몰아내려고 한다. 그런 자신의 태도를 미처 인지하지 못할 정도로 재빨리 쫓아내려고 한다. 화내지 말자며 억누르거나 아니면 뭔가 기분이 좋아질 만한 다른 것을 찾는 방식으로 회피한다. 술을 마시면서 유흥을 즐기거나 코미디 공연을 본다. 스스로 통증을 가하는 방법도 있다. 노동이나 운동을 해서 몸을 힘들게 만든다든지 손목에 고무 밴드를 끼고 있다가 튕겨서 따끔한 자극을 주어 부정적 감정을 몰아낸다. 그 감정의 실체가 정확히 뭔지 알려고 하지 않는 것이다.

부정적 감정을 정면으로 보거나 내 안에 머물도록 가만히 놔뒀다가는 큰일이라도 날 것처럼 잔뜩 겁을 먹는다. 부정적 감정을 가만히 두고 들여다봤다가 감당하지 못할 무시무시한 일이 벌어지거나 사라지지 않으면 어떻게 하나? 그 기분 나쁜 감정이 나를 덮치고 떠나가지 않을까 봐 무서워한다. 크리스토프 앙드레 박사는, 자신을 찾아온 환자에게 싫고 두려운 감정을 인정하라고 권유하면 하나같이 두려워하거나 빈정댄다고 말한다. "제가 수문을 열면, 방패를 내리면, 고통에 잡아먹히고 말 거예요."

언젠가 화가 치밀어서 괴롭다는 친구에게 '나는 화가 난다' 하면서 그 감정을 가만히 지켜보라고 말했다. 그러자 친구는 무슨 말도 안 되는 소리를 하느냐는 듯한 표정으로 나를 쳐다봤다. 그 친구 역시 오랫동안 부정적 감정을 회피하면서 살아왔으니 내 조언이 의아하게 들렸을 것이다.

환영할 만한 것이든 아니든, 자신에게 생긴 느낌과 감정은 외면하거나 억누른다고 해서 사라지지 않는다. 내가 소외시키고 억누르면 오히려 더 반발하면서 계속 나를 괴롭힌다. 칼 융이 말했듯이 마땅히 겪어야 할 고통을 회피하면 노이로제에 걸린다. 감정을 있는 그대로 똑바로 바라보고 난 다음, 그 감정이 저절로 사그라질 때까지 지켜보는 것이 절제력의 핵심이다.

몸에 의식을 두는 연습을 하는 이유는 감정을 지켜보는 힘을 갖기 위해서다. 말로 들을 때는 별것 아닌 것 같다. 하지만 막상 직접 해보려고 하면 큰 용기가 필요하다.

High risk, high return! 큰 용기가 필요한 일일수록 크게 얻는다. 그

고비를 넘기면 굉장한 힘을 얻는다. 고비를 넘어본 사람으로서 장담하건데, 그 두려움은 정말로 종이 호랑이를 보고 놀라는 모습과 똑같다. 그 감정을 정면으로 바라보면 그것이 아무 실체 없는 헛것이라는 사실을 알게 된다.

감정을 손님처럼 극진히 대접하기

마침 용기를 내는 데 도움이 될 만한 연구 결과가 있다. UCLA 리버먼 교수 연구팀은 피험자에게 분노하는 사람의 사진을 보여줬다. 그리고는 두려움이나 공포 감정을 관할하는 편도체 활성 정도를 측정했다. 당연히 활발히 반응했다. 이어서 방금 본 표정에 해당하는 단어를 찾도록 했더니 편도체가 갑자기 진정됐다. 타인의 감정이든 내 감정이든 감정이나 정서가 무엇인지 정확히 알기만 해도 두려움이 사라진다. 남편이 한 말 때문에 화났던 내가 요동치는 가슴의 느낌을 계속 지켜볼 수 있었던 것은 바로 '나는 화가 난다. 화가 난다.'라고 감정을 규정짓고 인정한 덕분이었다.

감정을 손님처럼 여기는 자세도 필요하다. 이 비유는 이란 시인 잘랄루딘 루미의 〈여인숙〉에 나온다. 감정이 손님이라면 인간은 여인숙이다. 부정적이든 긍정적이든 온갖 감정은 여인숙인 나(인간)를 찾아온 손님이다. 그러므로 어떤 감정이든 차별하지 말고 정중하게 대접하라고 말한다.

그렇다. 정중하고 극진히 대접하자. 정중하고 극진한 대접이란 다름 아닌 응시다. 겁만 먹지 않는다면 분노, 공포, 불안, 욕구같이 거친 감정은 오히려 지켜보기 쉽다. 할 수 있는 만큼 성의를 갖고 그 감정을 봐주면 손님은 있을 만큼 있다가 얌전히 떠난다. 어떤 경우는 떠나갈 때 기대하지 않았던 선물을 놓고 가는 경우도 있다. 남편이 내게 미안하다고 사과한 것처럼.

호흡을 더 자세히 지켜보자

배와 가슴에 집중할 수 있으면 이제 콧구멍으로 주의를 옮겨보자. 콧구멍에서 숨이 왔다 갔다 하는 것을 살펴보는 것이다. 콧구멍에 주의를 두기란 쉽지 않다. 움직임이 적어서 집중하기 어렵기 때문이다. 그만큼 다른 생각에 잘 빠진다. '어, 무슨 생각을 하고 있었던 거야?' 알아차리고 나면 어느새 시간이 한참 흘러 있다.

생각에 빠지지 않을 묘안이 있으면 좋으련만, 불행히도 그런 비법은 없다. 경험상 가장 유용했던 방법은 인도 명상가 오쇼 라즈니쉬가 알려주는 방법이다. 보통 처음엔 날숨이 잘 보이는데, 날숨이 아니라 들숨을 쉴 때마다 숫자를 붙이는 것이다. 1부터 10까지만 붙인다. 10까지 세고 난 다음엔 들숨마다 다시 1부터 센다. 이 방법도 처음부터 수월하진 않다. 어떤 방법이든 생각에 빠졌다가도 앗, 하고 알아차리면 다시 호흡으로 돌아오는 수밖에 없다. 자꾸 하다 보면 차츰 실력이 는다. 인내심만 있으면 된다.

호흡 명상에 관한 안내서를 보면 들숨과 날숨 사이에 순간적으로 숨이 멈추는 지점을 찾으라고도 한다. 자기 자신을 관찰하고 하기 싫은 충동을 다스리려는 목적이라면 그 정도 수준까지 필요하지는 않다.

외부 환경도 크게 중요하지 않다. 처음엔 집중하기 위해서 조용한 장소가 좋지만, 조용하지 않아도 상관없다. 우리 목적이 집중 그 자체가 아니라 자기 느낌, 자기 코끼리를 관찰하는 것이기 때문이다. 시끄럽거나 거슬리는 소리가 들린다면 듣지 않으려고 할 게 아니라 그 소리를 듣고 싫어하는 나, 그때 내 느낌을 가만히 지켜보면 된다. 만약 방해 요소가 없다면 콧구멍에서 바람이 왔다 갔다 할 때 코언저리에 주의를 두면 된다.

이 연습을 하면서 얻을 수 있는 이점은 두 가지다. 첫째, 평소 어떤 생각을 얼마나 많이 하는지 알 수 있다. 자신이 무슨 생각을 하는지 안다고 여기지만 대부분 잘 모른다. 생각에 빠져 있다가 주의를 끄는 다른 것에 금세 정신을 빼앗기기 때문이다. 평소 신경 쓰는 생각 몇 가지만 기억할 뿐, 스쳐지나가는 생각이 얼마나 많은지, 어떤 내용인지 잘 모른다. 코언저리 작은 부위의 섬세한 느낌에 집중하다 보면 자꾸 생각에 빠진다. '앗!' 하고 생각에 빠졌다는 걸 알아챌 때마다 나도 모르게 생각하고 있었다는 걸 알게 되는 것이다. 그러다보면 내용까지 기억하지는 못해도 적어도 평소에 얼마나 많은 생각에 주의를 뺏기는지 알 수 있다. 그리고 다시 주의를 느낌으로 옮겨놓으면 점점 생각이나 감정에 휘둘리지 않게 된다.

크리스토프 앙드레 박사는 주의력을 행복의 열쇠로 꼽았다. 자신이 가진 수많은 경험, 다양한 자질과 요소 가운데 어떤 부분에 주목하는가에 따라 자기 만족감과 행복이 달라진다는 것이다. 가령, 도시는 휘황하고 편리하다. 반면 길모퉁이에 쌓인 쓰레기, 냄새나는 하수구도 분명 도시의 일부분이다. 휘황하고 편리한 면을 부각해서 보는 사람은 도시를 좋아할 것이다. 반면, 어둡고 부정적인 면에 무게를 두는 사람은 도시를 싫어할 것이다. 흠결 없이 완벽한 삶을 사는 사람은 아무도 없지만 자기가 가진 것 가운데 긍정적인 부분에 주의를 두면 행복하다고 여길 가능성이 크다. 만약 부정적인 면에 주의를 두는 사람이라면 행복을 느끼기 어려울 것이다.

갈수록 환경은 주의력을 분산시키는 방향으로 변하고 있다. 우리는 수많은 광고, 쉽게 휙휙 화면을 바꿀 수 있는 SNS 매체, 불쑥불쑥 울리는 전화나 메신저 등에 둘러싸여 있다. 따라서 주의를 자기 의지대로 다룰 수 있는 힘이 현대인에게 긴요하다.

호흡 명상을 통해 나 자신의 느낌을 더 섬세하게 알아차릴 수 있다. 하기 싫은 마음, 분노, 흥분, 슬픔, 두려움 같은 감정은 심장 박동이 빨라지기 때문에 조금만 연습하면 그 느낌을 알아챌 수 있다. 거기서 조금 더 발전해 섬세한 반응까지 알아차릴 수 있다면 코끼리를 더 잘 다룰 수 있다. 그뿐만 아니라 자기 자신과 직감을 아는 데 유리하다.

:: 3단계 힘은 몸에서 나온다 ::

내 몸을 사랑하는 법

작년 일본을 여행할 때 일이다. 생전처음 서 있다가 잠이 들었다. 숙소를 후쿠오카에서 벳부로 옮기러 가는 길에 유후인을 둘러보기로 했다. 어깨에 무거운 배낭을 메고 커다란 트렁크 가방을 낑낑 끌면서 유후인에 도착했다. 비가 올 듯 말 듯했다. 비가 많이 내릴 것이라는 예보가 있었지만 전날 후쿠오카에서는 비 예보가 있었는데도 비가 별로 오지 않았다. 그날도 운을 믿고 무작정 호수로 향했다. 호수에 다다를 즈음 비가 한두 방울 내리기 시작했다.

결국 폭우가 쏟아졌다. 다행히 근처에서 주인이 자리를 비운 주차장 텐트를 발견했다. 몸을 웅크리고 텐트 아래로 들어갔다. 그때 텐트 골조에 걸린 비닐우산이 눈에 들어왔다. 갑자기 우산이 나타나다니! 삶은 마법 같다더니, 정말인가 보다. 폭우가 조금 가라앉자 한줄기 빛과 같은 우산을 집어 들고 다시 걷기 시작했다.

유후인 마을 부녀가 운영하는 식당에 들어갔다. 된장칼국수와 닭가슴살 튀김이 담백하면서도 구수하고 부드럽다. 지칠 대로 지친 몸은 음식을 에너지로 발화할 힘이 부족한지 눈꺼풀을 닫았다. 졸음이 쏟아지는 눈을 부릅뜨고 밖으로 나왔다. 몇 걸음 걷다가 다시 섰다. 잠깐 설

때마다 눈꺼풀이 저절로 닫히고 의식이 끊겼다. 혹여 앉기라도 하면 고개가 바로 툭 떨어졌다. '이럴 수가, 서서도 잘 수 있고 걷다가 졸려서 기절하기도 한다는 게 진짜구나.' 결국 일정을 접었다. 숙소로 돌아온 나는 18시간 동안 '잠자는 숲속의 공주'가 되었다.

나는 발목에 오래된 염증이 있다. 그래서 조금만 걸어도 금세 발이 아프다. 게다가 체력도 약해서 금세 지친다. 발목 지병과 저질 체력은 여행할 때면 큰 짐이다.

〈잉여들의 히치하이킹〉이라는 파일럿 방송을 봤다. 출연자 다섯 명이 20일 동안 턱없이 부족한 돈을 갖고 유럽을 여행하는 내용이다. 내 눈에 가장 두드러져 보인 것은 출연자들 건강과 체력이었다. 그들은 부족한 경비를 벌기 위해 막노동을 했고, 두세 시간 서서 히치하이킹을 했으며 연일 노숙을 했다. 부족한 돈을 건강과 체력으로 메운 셈이다. 합심도 중요했지만, 나같이 지병이 있거나 저질 체력이면 협력하고 싶어도 못할 일이다. 온갖 고생과 우여곡절 끝에 무사히 목적지에 다다랐을 때 그 벅찬 느낌과 감정은 아무나 맛볼 수 있는 게 아니다.

인생을 곧잘 여행에 비유한다. 여행에서 가장 중요한 것이 건강과 체력이라면, 인생에서도 크게 다르지 않다. 건강과 체력을 으레 당연한 것으로 여기지만, 행복한 삶을 사는 데 매우 중요하다.

근육 양과 절제력의 관계

절제력 역시 몸 상태와 밀접한 관련이 있다. 시카고대 연구팀은 몸에 근육이 많은 사람이 감정을 더 잘 절제하고 조절할 수 있다고 말한다. 운동을 하지 않던 사람들이 일주일에 세 번 운동했더니 두 달 뒤 충동적 소비, 술 담배를 스스로 조절했다. 그뿐만 아니라 일을 미루는 경우가 없어지고 약속 시간도 더 잘 지켰다. 규칙적 신체 운동이 비단 건강뿐만 아니라 하기 싫은 마음을 다스리는 데도 중요한 역할을 하는 것이다.

휴식도 운동 못지않게 중요하다. 현대인은 잠이 부족하다. 야근에서부터 화려한 밤 문화, TV, 인터넷, 오락 등 야밤에도 할 수 있는 일이 많기 때문에 많은 사람이 수면 부족에 시달린다. 잠을 자지 못해 피곤하면 집중력이 떨어져 능력을 제대로 발휘하지 못한다. 아무리 운동을 하고 근육 양을 늘려도 절제력이 향상되지 않는다.

UC버클리 매슈 워커 박사팀이 연구한 결과에 의하면, 잠을 충분히 자지 않으면 감정 조절력이 저하돼 내키는 대로 행동하는 경향이 생긴다. 잠을 부족하게 잔 피실험자 그룹이 정상 취침한 그룹보다 감정 중추가 60% 이상 과잉 활동했다고 한다. 감정 중추를 통제하고 정신을 집중하는 역할을 하는 전두엽이 손상돼 불필요한 외부 자극에 쉽게 반응하기 때문이다. 이런 상태가 지속되면 '자아 고갈'에 빠진다.

현대인은 건강에 대한 관심이 크다. 하지만 정작 자기 몸 자체에 대한 관심은 별로 없다. 최선을 다해 열심히 살려고 하는 사람일수록 몸이 보내는 신호를 무시한다. 몸을 혹사하는 태도가 최선을 다하는 모습이라고 착각하기 때문이다. 몸을 홀대하면서 챙기는 건강은 몸을 위하는 게 아니다. 그저 통증 혐오, 질병 회피 아니면 젊음 유지라는 감각적 욕구 충족을 위한 행위에 불과하다.

몸은 그저 물질이 아니다. 내가 미처 모르고 있는 나를 기록하고 있다. 코끼리를 다스릴 수 있는 힘 역시 애정 어린 관심을 듬뿍 받은 몸에서 나온다.

몸을 알면 쉴 수 있는 용기가 생긴다

나는 생리전증후군이 심한 편이다. 신체뿐만 아니라 정서 변화도 크다. 지나치게 예민해져서 상황을 과대 해석하는 경향이 생긴다. 부정성을 과장해서 받아들이기 때문에 우울해지기도 한다. 몸도 무겁고 잠도 쏟아진다. 이 시기에는 집안일이든 업무든 다 하기가 싫다.

출근은 해도 업무 성과가 최악이다. 멀쩡하게 쓰여 있는 글자도 다르게 읽는다. 보고서를 써야 하는데 상황조차 이해하기가 어렵다.

이것이 호르몬 변화 때문이라는 것을 안들 소용없었다. 자연 섭리에 따라 반응하는 코끼리를 나는 받아들일 수 없었다. 현대인이 자연인처럼 살 수는 없는 노릇 아닌가? 생리적 변화도 자연스러운 상태로 놔두기보다는 현대 생활에 맞도록 고쳐야 한다고 여겼다. 나는 코끼리를 계속 다그쳤다. '게으르게 굴면 안 돼! 늘어지면 안 돼!' 하지만 코끼리 역시 만만한 녀석이 아니다. 다그친다고 말을 들을 리 없다. 다짜고짜 다그치는 조련사와 말 안 듣는 코끼리 사이에서 내 괴로움만 커졌다. 마음만 괴로울 뿐 몸은 꿈쩍도 하지 않았다.

내가 코끼리 반응을 외면했던 데는 두 가지 이유가 더 있었다. 첫째, 아무 일도 하지 않는 채로 있는 게 두려웠다. 리모컨을 쥐고 시체처럼 누워 있는 호사는 난이도 높은 프로젝트를 끝냈을 때만 허용할 수 있었다. 특별한 일을 하지 않았고, 큰 병에 걸린 것도 아닌데 단지 컨디션이 좋지 않다고 해서 하루를 그냥 보내는 일은 있어서는 안 될 일 같았다. 그러다가 잉여 인간이 되면 어떡하나? 그래서 꼼짝달싹 못하면서도 머릿속에서만 계속 코끼리에게 이러면 안 돼, 일어나, 일어나, 하면서 채근한 것이다.

훗날 그 두려움을 회피하지 않고 마주하게 되었다. 처음 마주하려고 했을 때 느낌은 마치 짙은 안개에 가려 아무것도 보이지 않는 절벽 아래로 뛰어내릴 때처럼 두려웠다.

두 번째 이유는 몸을 어느 정도 사용해야 하는지 몰라서였다. 호르몬 변화에 따라 컨디션 저하를 매달 겪으면서도 몸을 어떻게 다뤄야 하는지 알지 못한 탓에 수년 동안 말 안 듣는 코끼리를 다루려고 혼자 씨름했다.

아무 일도 하지 않아도 괜찮다

외로운 씨름을 그만둔 건 현실을 깨닫고 나서였다. 단지 의지력만으로 코끼리를 움직이게 만들 수 없다는 사실을 받아들였다. 더 이상 코끼리를 다그치지 않기로 마음먹었다. 이 결심은 곧 '아무 일도 하지 않는 채로 있는 나'를 내버려둔다는 의미다. 이제 나는 어쩔 수 없이, 잉여 인간이 될지도 모른다는 두려움과 마주해야만 했다. 나는 절벽 아래로 뛰어내렸다. 쿵쾅거리는 가슴의 느낌을 확인하면서!

막상 뛰어내리니 바닥은 푹신하고 안전했다. 내게 아무 일도 일어나지 않았다. 내가 두려워했던 게 허상이었다는 것을 알고 나자 비로소 움직이지 않으려는 코끼리를 마음 편히 내버려둘 수 있었다.

이제는 호르몬 변화가 생기려고 하거나 야외활동 후 몸이 축 늘어질 때, 운동을 무리하게 했을 때 과감하게 아무것도 하지 않는다. 손 하나 까딱하지 않는다고 해서 스스로 마음을 불편하게 만들지 않는다. 가끔 '이래도 되나?' 하는 생각이 들긴 한다. 그래도 으레 떠오르는 생각이거니 하고 개의치 않는다. 이제 나는 충분히 쉬고 나면 그동안 못했던 일을 해치울 수 있을 만큼 능률이 오른다는 것을 안다.

나는 글을 하루에 한 편은 꼭 쓰자고 마음먹었다. 분명 예상치 못한 일이 생기거나 컨디션이 좋지 않을 때가 있다. 예전 같으면 글을 쓰는 것도 아니고 그렇다고 쉬는 것도 아닌 상태로 코끼리를 들들 볶으면서 안달복달했을 것이다. 그러면 몸과 마음이 제대로 쉬지 못해 결과적으로 시간을 허비하는 셈이 된다. 그냥 내버려두면서 하루 이틀 쉬고 나면 많은 힘을 들이지 않아도 못 쓴 분량을 다 쓰게 된다.

컨디션이 좋지 않을 때, 마음을 편히 먹을수록 몸이 더 빨리 회복된다. 우리는 폭풍우를 피할 수 없다. 폭풍우를 만나면 맞서 싸우는 게 아니라 지나갈 때까지 조용히 기다리는 게 가장 지혜로운 처신이다. 지나고 나면 언제 그랬냐는 듯이 다시 평화가 찾아오고, 비축했던 에너지로 많은 일을 할 수 있다.

몸을 이용해서 긴장을 풀고 자신감을 갖는 법

우리는 신체 부위를 각각 다른 단어로 부른다. 하지만 실제로는 각 부위 사이에 명확한 경계가 있는 것은 아니다. 가령, 어깨와 목의 주요 근육은 서로 다른 두 개 근육이 따로따로 붙어 있는 게 아니다. 어깨와 목뿐만 아니라 등과 앞쪽 가슴, 배까지 마치 하나처럼 이어져 있다. 등이나 가슴, 배에 있는 다른 결의 근육도 서로 긴밀하게 붙어 있다. 따라서 어깨를 움츠릴 때 어깨 근육이 수축하면 목, 등, 가슴 등 주위 근육까지 수축하면서 연쇄작용이 일어난다. 심지어 위를 비롯한 장기 활동에까지 영향을 미친다.

소화불량의 원인은 잘 씹지 않은 채 위장으로 넘긴 음식 덩어리 때문이다. 어깨에 잔뜩 힘을 주고 먹어도 소화가 잘 안 된다. 어깨 근육의 수축이 배 근육까지 연쇄작용을 일으켜 위장 활동이 경직되기 때문이다. 마사지를 받고 나면 허기를 느낄 때가 있는데 바로 이 때문이다.

소화기관이 병약한 경우가 아니라면, 소화불량은 대부분 먹는 동안 주의 집중을 다른 데 빼앗길 때 생긴다. 식사할 때 음식을 먹는 자신의 모습에 주의 집중하면 음식을 덜 씹거나 과식을 하거나 긴장하는 일이 없다. 음식이나 상황에 정신을 빼앗기지 말고 자기 몸을 한 번씩 의식하면서 먹어보자. 어깨 상태가 어떤지 확인하고, 음식을 씹고 있는 턱과 혀의 놀림 그리고 입 안 느낌까지 살펴본다. 꿀떡 넘길 때 목구멍에서 식도를 타고 위를 향해 음식이 들어가는 느낌에도 주의를 두면 자연스럽게 음식을 꼭꼭 씹게 된다. 맛을 충분히 음미하기 때문에 식탐도 사그라진다. 위에 음식이 찼다 싶으면 자연스럽게 숟가락을 놓게 된다.

혼자 먹을 때는 그나마 집중할 수 있는데 누군가와 같이 먹을 때는 어렵다. 어느 정도 익숙해질 때까지는 혼자 먹는 게 좋다.

스마트폰과 컴퓨터 작업 때문에 거북목 증후군을 호소하는 사람이 증가하고 있다. 목이 앞으로 빠지면 어깨와 등이 굽는다. 디지털 곱추라고 하면 심한 표현일까? 디지털 시대인 오늘날 등이 구부정한 사람이 많아지고 있으니 과한 표현은 아니리라. 디지털 곱추의 목과 어깨, 등 근육은 늘 긴장하고 있을 수밖에 없다.

굽은 자세는 정서에도 영향을 미친다. 뉴질랜드 오클랜드대학은 이와 관련한 내용을 학술지에 발표했다. 한 그룹에게는 허리를 편 자세로 면접을 보도록 하고 다른 그룹에게는 구부린 자세를 취하도록 했다. 그 결과 거북목 증후군처럼 구부린 자세로 면접을 본 사람들은 자존감이 낮았고 기분도 가라앉았다. 면접관의 질문에도 훨씬 부정적으로 답했다.

하버드대 사회심리학 교수 에이미 커디는 그 원인을 호르몬 때문이라고 말한다. 자세가 호르몬 분비에 영향을 미친다는 것. 이 연구에 따르면, 호르몬 분비가 단지 정신적 상태나 약물에만 영향을 받는다고 할 수 없다. 두려움이나 혐오 같은 정서적 반응이 호르몬 분비를 촉진하고 그에 따라 몸이 방어 자세를 취하게 되지만, 반대로 어떤 자세를 취하는지에 따라 호르몬 분비가 달라지고 기분도 결정된다.

커디 교수는 소위 '하이 포즈high pose' 또는 '파워 포즈'를 제안한다. 슈퍼맨이나 원더우먼이 취하는 자세처럼 몸 공간을 넓혀 어깨와 팔다리를 가능한 곧게 펴면 자신감이 커진다고 주장한다. 반면 '로 포즈low pose'를 취한 사람은 자신감이 떨어지고 소극적으로 반응한다. 로 포즈는 웅크리거나 손을 모으거나 또는 턱을 괴는 등 공간을 작게 차지하는 자세다.

호르몬 분비까지 따져보지 않더라도, 파워 포즈를 취할 때 근육 위치가 자연스럽고 힘이 덜 든다는 걸 충분히 가늠할 수 있다. 오랫동안 로 포즈로 있으면 몸이 뻐근하고 저절로 기지개를 켜고 싶다. 근육이 긴장해 있으니 당연하다.

스트레스 호르몬이라고 알려진 아드레날린이나 코르티솔은 혈액이 심장과 근육으로 집중하도록 만든다. 위기 상황에 즉각 대응하도록 몸을 준비시키는 현상이다. 선사시대에 동물의 공격을 당했을 때처럼 갑작스러운 위협 상황에서 싸우거나 도망가는 데 유용한 시스템이다. 다쳐도 통증을 느끼지 못하게 하는 진통 효과도 있으니, 선사시대의 생존에 안성맞춤이다.

현대인은 선사시대 인류처럼 직접적으로 생명을 위협받는 경우가 거의 없다. 대신 다양한 일상 스트레스에 노출돼 있다. 문제는 우리 몸이 물리적 위협과 정신적 스트레스 간의 차이를 구분하지 못하는 데 있다. 직장에서 받는 스트레스나 부부 싸움으로 인한 갈등을 선사시대 동물에게 공격받았을 때 느끼는 스트레스나 위협과 같은 상태로 여긴다. 지금 당장 위험하다고 착각하는 것이다. 그래서 현대인이 스트레스를 받으면 선사시대 사람과 똑같은 신체 변화를 겪는다. 당장 싸우거나 도망갈 준비를 하고 있는 사람처럼 어깨가 경직되는 것이다.

종종 어깨 상태를 확인하자. 어깨에 힘이 들어가 있으면 뭔가에 스트레스를 받고 있다는 표시다. 외부 상황을 내 마음대로 바꿀 수는 없지만, 내 어깨에 힘이 들어간 건 내가 조절할 수 있다. 그러면 상황이 바뀌지 않더라도 마음이 한결 편안해진다.

단, 이 방법을 갑자기 뱀과 마주쳤을 때처럼 급박한 긴장 상황에서 사용하는 건 효과적이지 않다. 불시에 일어난 감정은 몸에 있는 긴장을 살피기 전에 순식간에 나를 점령하기 때문이다. 이런 상황에서는 가슴의 느낌을 보면서 자기 상태를 인정하는 방법이 효과적이다.

면접이나 발표 또는 중요한 시험을 앞두고 긴장이 될 때 의식적으로 어깨에 힘을 빼보자. 이때는 긴장이 불러온 불안이나 두려움을 차분히 지켜보면서 코끼리를 달랠 여유와 시간이 있다. 먼저 어깨가 경직돼 있는지 확인한다. 어깨 근육이 수축해 있으면 힘을 뺀다. 순간적으로 마음 긴장도 살짝 이완되는 걸 느낄 것이다. 미국 야구선수가 경기하는 동안 껌을 질겅질겅 씹는 이유는 긴장을 풀기 위해서다. 껌을 씹으면 턱 근육이 부드럽고 빠르게 움직인다. 턱 근육의 수축과 이완이 계속해서 빠르게 이어지면 목과 어깨에 힘을 주고 있기 어렵다.

긴장이 풀리면 자연히 집중력이 높아진다. 면접이나 시험을 앞두고 긴장하는 이유는 잘하고 싶은 마음, 좋은 결과를 얻고 싶은 마음 때문이다. 좋은 결과라는 미래 상황에 주의가 분산돼 있다는 의미다. 긴장할수록 집중력이 떨어질 수밖에 없는 것이다. 어깨(몸 상태)를 알아차리는 것은 미래에 가 있는 주의를 면접이나 시험을 보는 지금 여기로 가져오는 효과가 있다. 자연히 집중력이 높아진다.

어깨를 이완하면서 파워 포즈도 취해보자. 당당하고 자신감 있는 척하면서 어깨와 가슴을 펴면, 마음이 금세 몸을 따라 당당해진다.

간단하게 기분 전환하는 방법

원래 나는 더위를 잘 안 탄다. 에어컨은 물론 선풍기 바람도 잘 안 쐰다. 그런데 지난여름은 사뭇 달랐다. 쉼 없이 이어지는 폭염 속에 있으려니 반쯤 녹은 젤리가 되는 듯했다. 진득진득 몸이 늘어져 하려고 마음먹은 일을 자꾸 미뤘다.

안 되겠다. 마음을 다잡고 일어났다. 샤워를 하고 선물 받은 새 인견 바지를 입었더니 개운하다. 뭔가 정갈해지는 느낌이 든다. 오랜만에 부는 솔바람도 시원하게 느껴진다. 그동안 마음만 먹고 미루던 일에도 적극적으로 덤벼든다. 몸 상태가 느낌과 행동을 좌우한다는 말을 실감

했다.

몸 상태에 따라 판단도 달라진다고 한다. 사회심리학자 조너선 하이트는 《바른 마음》에서 신체 상태에 따라 도덕성이 좌우된다고 말한다.

"우리 몸과 바른 마음 사이에 난 길은 쌍방향이다. 비도덕적 일을 접하면 마치 몸이 더러운 듯한 느낌이 들고 부지런히 씻다 보면 도덕적 청결을 더 중시하게 된다."

그는 이런 심리를 '신성함의 윤리'라고 칭한다. 신성함의 윤리란 우리 몸 안에 신성한 영혼이 들어 있다고 여기는 무의식적 성향이다.

실제로 손을 씻으면 죄책감, 슬픔, 의심이 덜어진다는 연구가 있다. 미시건대 연구팀은 몸을 씻는 행위가 심리 상태에 어떤 영향을 미치는지 관찰했다. 더러운 방에 있는 사람들은 깨끗한 방에 있는 사람들에 비해 자신이 저지른 일에 대해 더 부정적으로 판단한다고 한다. 반면 손을 씻은 사람들은 설사 부도덕한 일이라 할지라도 훨씬 덜 부정적으로 여겼다. 몸을 씻으면서 마음의 불편한 감정도 함께 씻어낸 것이라고 연구팀은 설명한다. 부정적 감정뿐만 아니라 불행, 불운도 사라진다고 여긴다.

흔히 우울하거나 고민이 많아서 마음이 무거울 때 몸을 움직이라고 조언한다. 산책이나 조깅을 하면 기분 전환이 된다고 충고한다. 맞는 말이다. 과학적으로도 입증되었다. 몸을 움직이면 호르몬과 신경계에 영향을 미쳐 부정적 기분을 전환시킬 수 있다. 하지만 무거운 마음을 이끌고 운동을 하기가 어디 쉬운가? 아무 일 없을 때도 걸핏하면 미루고 싫은 게 운동이다. 우울하고 처질 때 운동을 하라는 조언은 현실성이 떨어진다.

그에 비해 씻는 건 다르다. 산책이나 운동처럼 큰 에너지를 요구하지 않는다. 그냥 물 한 번 끼얹기만 하면 된다. 부정적 감정 때문에 지금 해야 할 일을 못하고 있다면 몸을 닦아보자. 그도 귀찮으면 손이라도 한 번 씻는 것도 괜찮다. 손을 자주 씻으면 일상의 기분 전환, 가벼운 상념이 떨어져 나간다고도 한다.

작은 실수나 실패에 크게 마음 쓰고 실행을 주저하는 부정적 완벽주의자에게 이 방법은 더 유용할 것이다. 언제든 물 한 번 끼얹기만 하면 새롭고 산뜻한 기분을 느낄 수 있으니 말이다. 기분 전환을 하면 새로운 마음으로 뭔가를 시작하고 싶어진다.

:: 4단계 머리 굴리지 마라 ::

생각하면 발목 잡힌다

예전에 TV 프로그램 〈나 혼자 산다〉에서 그룹 신화의 멤버인 김동완의 일상 모습을 본 적이 있다. 드론에서부터 사진, 오토바이까지 럭셔리한 취미 생활을 즐기며 살고 있었다. 영어, 중국어 등 자기계발에도 열심이었다. 누구나 꿈에 그릴 법한 싱글 생활이었다. 나 역시 부러운 시선으로 즐겨 봤다.

특히 내가 주목한 장면이 있었다. 김동완은 바쁜 일과를 마치고 소파에 털썩 앉아 중국어 교재를 펼쳐들었다. 숙제를 조금 하다가 피곤한지 갑자기 한숨을 내뱉었다. '아! 아무것도 하고 싶지 않다!' 잠시 멍하게 있었다. 그러다가 갑자기 "아, 대본 외워야지"라고 혼잣말을 하더니 벌떡 일어나서 드라마 대본을 찾아왔다. 그는 실행력의 교본이었다.

하기 싫은 마음이 드는 근본 원인은 보통 어떤 생각 때문이다. 우리는 할 일이 생각나면 김동완처럼 바로 몸을 움직이지 않는다. 그 일을 이렇게 저렇게 진행할 과정을 먼저 머릿속으로 그린다. 그러다 보면 대개 어떤 두려움, 거추장스러움이 떠오른다. 지금은 잘 못할 것 같은 생각이 들기도 한다. 자연히 하기 싫어지고 회피하게 된다. 김동완은 할 일이 떠오르자마자 이런저런 생각할 겨를 없이 즉시 몸을 일으켰다. 내가 만약 그처럼 하루 종일 일하고 나서 피곤했다면 '아, 대본도 외워야 하는데…' 하면서 소파에 가만히 기대 있었을 것이다. 몸은 쉬고 싶어서 꼼짝 않는데, 마음만 들들 볶으면서 말이다.

김동완은 다르다. 할 일이 떠오르면 그 일에 대해서 생각하지 않고 즉시 몸을 움직인다. 피곤해서 못하겠으면 그냥 아무 생각 없이 쉰다. 쉴 만큼 쉬고 나서 이제 해야겠다 싶으면 아무 생각 없이 몸을 일으킨다.

미국 수영선수 마이클 펠프스와 은퇴 전 김연아에게서도 비슷한 태도를 엿볼 수 있다. 한 인터뷰에서 펠프스는 말했다. "오늘이 무슨 요일인지도 몰라요. 날짜도 모르고요. 전 그냥 수영만 해요." 무슨 생각을 하면서 스트레칭 하냐는 기자의 질문에 김연아는 무심하게 대답했다. "무슨 생각을 해요. 그냥 하는 거지…" 둘 다 아무 생각 없이 그냥 연습한다. 여기서 '생각 없이'란 실력 향상에 대한 관심과 주의가 없다는 게 아니라 '잘할 수 있을까? 못하면 어쩌지? 잘해야 될 텐데…' 이런 생각을 하지 않는다는 의미다. 이리저리 재고 따지는 것 없이 일단 실행하는 것이다.

앞서 말했듯이, 대개 생각은 부정적 결론을 도출한다. 예측할 수 없는 열악한 자연 환경에서 맨몸으로 살아야 했던 선사시대 인류의 전략적 사고방식에서 기인하기 때문이다. 불확실한 상황이나 대상이 위협적일 수도 있다. 자신과 가족을 보호하려면 그 가능성에 대비해야 한다. 선사시대에 생긴 이러한 부정적 판단 경향이 오늘날까지 이어지고 있는 것이다. 그래서 생각을 하면 할수록 불리한 점, 불시에 생길지도 모르는 방해물을 과대평가하게 된다. 시작하기도 전에 머릿속으로 이것저것 따지면 본능적으로 실패 가능성에 비중을 두게 되고, 결국 안 하는 게 더 낫다는 결론으로 치닫는다.

하기 싫은 일이나 준비가 덜 된 일이라면 곰곰이 생각할수록 더더욱 싫어지고 더 자신감이 없어진다. 우리 뇌는 아직 벌어지지 않은 불확실한 일을 삐딱하게 보기 때문이다. 더욱이 싫은 일에 계속 주목하니 싫은 마음이 점점 커질 수밖에 없다. 결국 해야 할 일에서 도망간다. 미루는 것이다.

있는 그대로 지켜보기

몸의 느낌을 볼 때도 '생각'에 조심해야 한다. 느낌이 어떤지 살피다 보면 통증같이 불편하고 싫은 느낌을 발견할 때가 있다. 그 순간 자동으로 삐딱한 생각이 일어나기 시작한다. 뇌가 이를 비상 상황, 즉 위험으로 해석하는 것이다. 다른 부위보다 도드라진 느낌 때문에 주의력도 자꾸 그쪽으로 향한다. 삐딱한 시선으로 불편한 느낌을 주목하기 시작하면 그 느낌은 단순한 감각 이상으로 변한다. '여기 왜 이런 느낌이 있는 거지? 이 부위를 살짝 삐끗한 적이 있었는데 그게 악화된 걸까? 혹시 무슨 병 아닌가?' 이제 불편한 느낌은 단지 감각이 아니라 몸에 이상이 있다는 신호로 여겨지고 불안과 걱정이 따라붙는다.

공황장애는 심장 박동 같은 신체 감각을 아주 예민하게 느끼는 데서 시작되는 경우도 있다고 한다. 이상한 느낌이 드니까 주목하기 마련인데 금방 사라지지 않고 계속되니까 두려움과 걱정이 생긴다. 단순한 느낌에 스스로 두려움과 걱정을 덧붙이면 그 느낌이 감당하지 못할 정도로 커진다. 뿐만 아니라 이상한 느낌이 사라지지 않고 머물도록 붙잡는 역효과를 낸다. 이 모든 과정을 이끄는 힘이 바로 생각에서 나온다. 무엇이든 생각으로 파악하려고 하는 현대인에게 공황장애가 많이 생길 수밖에 없다.

로체스터대학교 사회심리학 교수 에드워드 L. 데시가 《마음의 작동법》에서 인용한 심리학자 마그다 아널드의 설명에 따르면, 인간은 자극을 만나면 '즉각' 의미를 부여한다. 그리고 그 의미마다 반응하는 방식이 이미 정해져 있다. 뭔가 빠르게 다가오면 위협이란 의미로 해석한다. 즉각 몸을 굽히거나 웅크리고 공포, 분노 감정을 느낀다. '간지럽다'는 단어가 머릿속에서 떠오르면 즉각 긁는다. 느낌이 어떤지 살필 겨를도 없이 당장 간지럽다고 이름 붙은 느낌을 없애려고 하는 것이다. 어떤 느낌을 알아채고 나서 그 느낌에 아프다, 저리다, 이런 식으로 이름을 붙이면 그게 더 싫어진다. 그 느낌을 제대로 살펴보기도 전에 무조건 재빨리 없애려는 반응이 자동으로 튀어나온다. 우리가 어떤 느낌을 부정적 단어로 표현하면 당장 없애야 한다고 무의식적으로 판단한다. 느낌의 실체를 파악하기도 전에 곧바로 두려움과 혐오감이 생기는 것이다.

불편한 느낌을 발견해도 그 느낌에 생각을 덧붙이지 않도록 유의하자. 그 느낌에 아프다, 저리다, 찌릿하다 같은 통상적 표현을 의도적으로 사용하지 않는 것이다. 마치 아무것도 모르는 사람처럼 그냥 그 자체를 자세히 보자는 의미다. 부정적 표현으로 그 느낌을 규정하지 않으면 좀 더 오래 있는 그대로 볼 수 있다.

일단 그냥 하면 되는 원리

나는 집안일 하기가 참 싫다. 식구라고는 어른 둘이 전부니 어지를 일이 없다. 집도 작아서 청소할 곳도 많지 않다. 그런데도 청소해야 할 때마다 마음이 무겁다. 하지만 일단 시작하기만 하면 청소를 아주 잘하는 사람처럼 활력이 넘친다. 호기롭게 소파를 밀어내고 물건을 전부 들어 올려 먼지를 싹싹 닦는다. 청소를 하면서 자주 생각한다. '그리 힘든 일도 아닌데, 쓸데없이 질질 끌었네.'

운동도 비슷하다. 시작이 반이라는 말처럼 일단 시작하고 나면 그다음은 수월하다. 항상 시작이 어려울 뿐이다.

'인지부조화'와 '작동흥분이론'은 일단 그냥 시작하면 되는 원리를 설명한다. 인지부조화는 자신의 태도와 생각이 다를 때, 부조화 상태를 뇌가 불편하게 여기는 데서 나타나는 현상이다. 이 부조화를 교정하기 위해서 뇌는 생각을 태도에 맞게 바꾼다. 이솝 우화 〈여우와 포도〉가 그 예다. 포도를 먹으려던 여우가 아무리 애써도 먹을 수 없자 결국 포기하면서 행동을 합리화한다. '저 포도는 분명 실 거야.' 포도를 먹으려던 본래 의도와 그걸 포기하는 태도가 일치하지 않자 포도가 시어서 맛이 없을 거라고 합리화한다. 자기 행동에 대해서 스스로 납득할 만한 이유를 뇌가 만들어내는 것이다.

《어떻게 읽을 것인가》에서 고영성 저자는 책 읽기를 어려워하는 사람들에게 몇 가지 방법을 제시한다. 그 가운데 인지부조화를 이용한 방법이 있다. 책 읽기 싫다는 생각이 들어도 일단 책을 펴들고 읽기 시작하라. 그러면 머릿속 생각과 다른 자신의 모습이 뇌에서 서로 충돌한다. 이 불일치를 해소하려고 뇌는 행동하고 있는 대로 생각을 바꾼다. 시간이 조금 지나면 마침내 '이 책은 읽을 만하네. 책 읽는 게 그리 어렵지 않구나' 하며 점점 독서를 흥미롭게 받아들인다는 것이다.

뇌의 '인지부조화' 제거 성향이 일을 시작하기 전에 가졌던 무거운 마음, 두려움 같은 저항감을 제거해서 일을 시작하도록 만든다면, '작동흥분이론'은 크게 애쓰지 않아도 그 일을 계속하게 되는 원리를 설명한다. 작동흥분이론은 뭔가를 일단 시작하면 해당 부위 뇌가 활성화돼 자연스럽게 그 일을 계속하게 된다는 얘기다. 시동이 잘 걸리지 않는 고물 자동차를 움직이는 경우를 떠올려보면 이해가 쉽다. 시동이 걸리지 않으면 차를 뒤에서 힘껏 밀면서 동시에 운전자가 시동을 걸고 액셀러레이터를 밟아야 한다. 시동을 걸기까지가 힘들지만 한번 주행하기 시작하면 하루 종일 운행할 수 있다. 작동흥분이론이 설명하는 현상이다.

시동이 걸리지 않을 때는 '고물차 갖다 버려야지'라고 생각하던 운전자가 '고물차 그래도 아직 쓸 만하네'라고 생각을 바꾼다. 이것이 인지부조화 현상이다.

일단 그냥 시작하면 되는 원리는 청소나 운동처럼 물리적 일에만 해당하지 않는다. 글쓰기 같은 정신적 활동에도 해당한다. 작가 앤라모트는 이렇게 말했다. "글을 쓰고 싶다면 죽이 되던 밥이 되던 상관없다는 마음으로 일단 무조건 타자기 앞에 앉아라. 반드시 쓰고 싶은 글이 써진다." 글을 못 쓸 것 같은 기분이 들어도 일단 시작해서 몇 문장을 이어나가다 보면 인지부조화 제거 현상이 나타난다. '어, 그럭저럭 써지네. 쓸 만하네'란 생각이 들면 작동흥분이론이 그 뒤를 이어받는다. 자연스럽게 다음을 이어나갈 아이디어가 떠오른다.

흔히 몸이 뇌를 따른다고 알고 있다. 하지만 이러한 이론을 보면 뇌가 몸을 따르기도 한다는 것을 확인할 수 있다. "행복해서 웃는 게 아니라 웃어서 행복한 것"이라는 말을 우리는 자주 인용한다. 근대 심리학의 창시자로 불리는 미국 심리학자 윌리엄 제임스가 한 말이다. 그는 하버드대 의대에서 생리학을 가르치면서 몸에서 일어나는 현상이 뇌에 영향을 끼친다는 사실을 발견했다. 그는 이런 말도 했다. "인간은 울기 때문에 슬퍼지고, 두들기기 때문에 화가 나고, 떨기 때문에 두려워진다." 이 말에 빗대면, 어렵고 하기 싫어서 못하고 안 하게 되는 게 아니라 안 해서 더 어렵고 싫다는 생각이 드는 것이다.

하기 싫은 일, 못할 것 같은 일도 그냥 해보자. 조금 지나면 '내가 그동안 지레 겁먹고 있었구나. 이 일도 할 만한 일이구나.'라는 생각이 들 것이다. 미처 그런 생각을 인지하지 못하더라도, 생각보다 어렵지 않게 일을 해내고 있는 자기 자신을 발견하게 될 것이다. 짙은 안개 속을 걸어도, 바로 앞에 한 발짝 내딛을 곳은 보이듯이 말이다.

2분만 지나면 된다

미국 요세미티국립공원에는 거대한 화강암으로 이루어진 바위산이 있다. 수직으로 1킬로미터 가까이 솟아 있다. 암벽 등반가에게 꿈의 산이라고 알려진 엘카피탄이다. 오르기 어려운 코스 가운데 하나로 꼽힌다.

1989년 마크 웰먼은 이 바위산을 정복했다. 오직 팔 힘만으로! 그는 하체를 쓰지 못한다. 7년 전 암벽에서 떨어지는 사고로 하반신이 완전히 마비됐다. 암벽에 로프를 걸어주는 친구 도움을 받기는 했지만, 다리를 쓸 수 없는 상태에서 900미터가 넘는 절벽을 오르는 건 보통 일이 아니다. 9일이 걸렸다. 사람들은 그에게 비법을 물었다.

"한 번에 15센티미터씩 몸을 끌어올렸습니다. 그렇게 7000번 했습니다. 계속 15센티미터씩만 나아가겠다고 결심한다면 세상에서 이루지 못할 일은 없습니다."

UCLA 의대 교수 로버트 마우어 박사 역시 실행을 미루는 사람들에게 똑같은 방법을 제시한다. 너무 하찮아 보여서 코웃음이 날 정도로 조금씩 하라는 것이다. 마크 웰먼이 한 번에 15센티미터씩 오른 것처럼! 마우어 박사는 생활에 갑작스러운 변화를 주면 뇌가 변화를 위협으로 받아들이기 때문이라고 이유를 설명한다. 내일부터 진짜 다이어트야! 샐러드만 먹고, 밥은 절대로 먹지 않을 거야! 내일부터 진짜 금연이야! 한 대도 피우지 않겠어! 이렇게 생활에 급격한 변화를 주는 결심을 하면 뇌는 원시시대에 갑자기 맹수나 폭우를 만난 상황으로 판단한다. 그래서 심리적으로 거부하고 의지와는 다르게 도망치는 반응을 보이는 것이다.

나는 〈나 혼자 산다〉를 보고 고무되어 김동완인 척해봤다. 여태까지 내 태도와 다르게 뭘 해야겠다는 생각이 들면 벌떡벌떡 일어났다. 그런데 일어나는 순간 자동으로 말풍선이 떴다. '할 수 있을까? 그냥 해도 될까?' 그럴 때마다 얼른 '모르겠다. 일단 이거 하나만 해보자.' 하고 스스로를 달랬다.

나는 평소 운동으로 요가를 하거나 실내자전거를 탄다. 지난여름처럼 사람을 반쯤 녹다운시키는 더위엔 몸을 움직일 힘이 없다. 움직이는 게 고역스럽고 두 배로 힘이 든다. 그럴 때 코끼리를 달래본다. '응, 힘들지? 하기 싫지? 그래, 하기 싫을 만도 하지. 이럴 땐 원래 하기 싫은 거야. 일단 요거 딱 한 동작만 해보자.' 그러고 나서 호흡과 가슴, 몸에 주의를 두고 가만히 있어 본다. 가만히 지켜보고 있으면 몸 안에서 코끼리가 발광하는 게 느껴진다. 당연한 현상이지만 힘든 동작일수록 코끼리는 싫어서 더 난리를 피운다.

해야 할 일을 잘게 쪼개서 눈앞에 닥친 것 하나만 한다는 작전으로 일단 코끼리를 움직이게 만든 데는 성공이다. 그 작은 힘으로 끝까지 갈 수 있다. 하지만 항상 그런 건 아니다. 코끼리는 결코 어리숙하지 않다.

딱 하나만 하고 나서는 싫다고 다시 발버둥 치는 때도 있다. 그때 코끼리 모습은 격렬하게 울며 떼쓰는 아이와 똑같다.

이럴 땐 TV 프로그램 〈우리 아이가 달라졌어요〉에서 아이를 제압하는 전문가와 같은 태도를 취해야 한다. 전문가는 아이의 손과 발을 꽉 잡고 발버둥 치는 아이를 가만히 지켜본다. 얼마간 시간이 지나고, 울만큼 운 아이는 제풀에 지쳐 스스로 저항을 멈춘다. 그러면 언제 그랬냐는 듯 말을 잘 듣는다.

하기 싫은 마음에 흔들리지 않고 발광하는 코끼리를 계속 지켜보고 있으면 어느 순간 코끼리가 잠잠해지는 게 느껴진다. 조너선 하이트가 《바른 마음》에서 언급한 바에 따르면, 순간 정서는 2분 이상 계속되지 않는 특징이 있다. 따라서 하기 싫은 마음에 대해서 분석하거나 판단하지 않고 호흡이나 가슴에 주의를 계속 둔 채, 2분만 기다리면 된다. 2분만 지나고 나면 마지막 동작을 할 때까지 저항이 없다.

1.5배씩 커지는 도미노가 한 번 쓰러지기 시작하면 그 힘이 기하급수적으로 커진다고 한다. 처음에 0.0242마이크로 줄에 불과했던 힘이 13번째 도미노를 쓰러뜨릴 때는 51줄이 된다. 무려 20억 배나 커진다. 28번째 도미노가 쓰러진다면 그 힘은 엠파이어스테이트 빌딩을 쓰러뜨릴 정도라고 한다. 물리학자 화이트헤드 박사가 한 실험이다. 그야말로 시작이 반인 것이다.

할 일이 떠오르면 벌떡 일어나서 눈앞에 닥친 일 하나만 하자고 코끼리를 먼저 달랜다. 혹시 하기 싫다고 코끼리가 몸부림을 치면 흔들리지 말고, 아이 버릇 고치듯이 엄하지만 따뜻한 시선으로 코끼리를 바라보자. 거친 느낌은 절정을 이뤘다가 고비를 지나고 나면 다시 잠잠해진다. 이후엔 점점 빨리 쓰러지면서 힘이 커지는 도미노처럼 한결 수월하게 일을 해나갈 수 있다.

:: 5단계 시스템을 조성하라 ::

망각의 동물, 귀에 못이 박히게 듣자

매년 연말 연초면 사람들은 새 출발을 다짐한다. 그동안 매번 실패했던 습관이나 계획을 이번엔 기필코 해내겠다는 결심을 한다. 이번에는 몇 번째 결심인가? 두 번째? 세 번째? 몇 번째든 부끄러워할 것 없다. UCLA 의대 교수 로버트 마우어 박사가 무려 22년 동안 연구한 결과, 조사 대상 가운데 92%가 연초에 세운 계획을 지키지 못한다고 한다. 일주일 만에 포기하는 사람이 25%, 한 달 정도 지속하는 사람이 50%다. 무려 10년 동안 같은 결심을 하며 같은 행태를 보이는 사람도 많다고 하니, 변화하고자 하는 열망과 그것을 실천하는 의지 사이에 놓여 있는 괴리를 실감한다.

마우어 박사가 제안하는 것처럼 뇌가 겁먹지 않도록 계획을 쪼개 조금씩 실천하는 방법도 좋고, 세계적 제약회사 파이저 회장을 역임한 제프 킨들러가 알려주는 방법도 좋다. 그는 경청하는 습관을 들이기 위해서 동전 10개를 이용했다. 한쪽 주머니에 넣고 다니다가 누군가의 얘기를 잘 들었다고 스스로 평가하면 동전 하나를 다른 쪽 주머니로 옮겼다. 그렇게 퇴근 전까지 동전을 모두 옮기려고 노력하면서 새로운 습관을 들였다고 한다.

훌륭한 방법이다. 하지만 킨들러처럼 성공하려면 전제가 있어야 한다. 일단 경청하기로 한 자기 결심을 잊지 않는 암기력이 절대로 필요하다. 새해 뜨는 해를 바라보며 주먹을 불끈 쥐고 결심해도 금방 잊어버리고 일상에 휩쓸리면 말짱 도루묵이다. 공부나 운동 또는 다이어트나 금연 같이 시간을 정해놓고 하면 되는 일은 그나마 낫다. 태도나 자세같이 일상에서 무의식적으로 일어나는 습관을 고치겠다는 결심은 더더욱 잊어버리기 쉽다. 상황에 휩쓸리기 때문이다. 킨들러처럼 경청하겠다고 마음먹어도 사람을 만나 대화하다 보면 대화 내용에 몰입한 나머지 자기 자세를 체크하기 어렵다. 싫은 마음에서 도망치려는 태도를 고치는 것도 다르지 않다.

의지력이 아니라 기억력이 문제

나는 앞서 소개한 '감사 사랑' 호흡을 일종의 마법의 주문처럼 여긴다. 나만 알고 싶을 만큼 소중한 씨크릿이다. 그래도 가족이나 가까운 친구가 힘들어할 때는 조심스럽게 권했다. 내 얘기를 들으면 다들 그 순간에는 혹한다. 며칠 후 실행해봤냐고 물어보면 언제나 해보지 않았다는 대답을 들었다. 왜 안 했냐고 물어보면 한결같이 잊어버려서 못했다고 한다.

우리가 변화를 갈망하면서도 변하지 못하는 이유는 방법을 몰라서가 아니다. 우리 주변에는 온갖 성공담이 넘쳐난다. 방법이 복잡하고 어렵냐 하면 그렇지도 않다. 아주 간단하고 쉬운 방법도 많다. 하지만 대부분 '아, 별거 아니네. 나도 할 수 있겠네.'라고 생각만 하고 만다. 뒤돌아서 일상으로 돌아가면 여태 하던 방식 그대로 반응하고 행동한다. 알고 있는 것과 한번 해보는 건 엄연히 다르다.

앞에서는 고개를 끄덕이며 결심을 해도 뒤돌아서면 모두 잊어버리는 모습을 두고 혹자는 의지가 약한 게 문제라고 말한다. 아니다. 변하고 싶은 열망만큼 의지도 충분히 있다. 진짜 원인은 의지력이 아니라 기억력 때문이다. 뇌에서 기억을 담당하는 부위는 마치 잡초와 자갈, 나무로 뒤덮여 있는 숲과 같다. 기억은 그 숲에 길을 만드는 과정이다. 처음 지나갈 때는 아주 힘들다. 한두 번 지나간다고 해서 길이 만들어지지 않는다. 수십 번 지나다녀야 비로소 알아볼 수 있는 길이 생긴다. 그리고 그 길을 계속 지나다니지 않으면 다시 잡초와 나무로 뒤덮인다.

암기 원리도 이와 같다. 아무리 좋은 얘기도 한두 번 들으면 소용없다. 잊어버린다. 필요할 때 생각이 나야 시도를 하든가 말든가 하지 않겠는가. 기억을 못하니 좋은 방법을 들어도 실천하지 못하는 게 당연하다.

내게 필요한 조언을 잊어버리지 않고 활용하려면 어떻게 해야 할까. 먼저 귀에 못이 박히게 듣자. 뇌과학자 조 디스펜자는 30대 중반 즈음이 되면 인간은 컴퓨터 프로그램에 따라 움직이는 기계처럼 반응하고 생각하고 행동한다고 말한다. 감정 반응, 믿음, 인식, 태도, 행동의 95%가 과거 기억에 따라 무의식적으로 튀어나온다. 무의식적 반응 가운데 상당 부분은 어린 시절 부모에게서 받은 영향이다.

어린 시절 부모에게서 받은 영향을 일일이 다 열거할 수는 없다. 나는 사춘기 때 들은 엄마 잔소리가 아직도 생생하게 기억난다. 고등학생 시절을 떠올리면 아직도 귓가에서 엄마의 화난 목소리가 울리는 듯하다. 나이 들면 자연히 엄마 잔소리와 멀어진다. 그런데도 어릴 때 엄마 잔소리에 못 이겨 생긴 습관대로 평생 산다.

잔소리를 절제력을 키우는 데 이용하자는 말이다. 새로운 생활 태도를 익히려면 내가 다르게 반응해야 한다. 다르게 생각하고 다르게 행동해야 비로소 내 경험이 달라진다.

"나는 수시로 호흡을 지켜본다."

"나는 감정이 격렬해질 때 바로 호흡과 가슴에 주의를 두고, 그 감정이 사라질 때까지 지켜본다."

스마트폰에 내 목소리로 이런 문장을 녹음하고 주구장창 들어보자. 이동할 때도 듣고 집에서 휴식을 취할 때도 듣자. 어릴 때 들었던 엄마 잔소리처럼 수시로 듣자. 틈틈이 계속 들으면 어느 순간 필요할 때 '아, 호흡을 보자!'라는 말이 머릿속에 뜰 것이다. 그러면 반응하기 전에 내 가슴의 느낌을 보게 된다.

이전과 다르게 반응해서 다른 경험을 한 번이라도 하게 되면, 이 연습을 멈출 수 없게 된다. 다음번엔 새로운 반응을 하기가 좀 더 쉬워진다. 그런 경험이 쌓이면 문득, 이전과 다르게 살고 있는 자신을 발견할 것이다.

하기 싫은 마음을 글로 써서 해방시키자

"5시에 일어나기, 10시 전에 취침하기, 단 음식 피하기, 하루 한 시간 걷기, 한 번에 한 가지 일만 하기, 아무 때나 공상하며 시간 보내지 않기."

"감정을 보이지 않기, 합당한 근거 없는 의견에 휘둘리지 않기, 다른 사람 의견에 신경 쓰지 않기."

"이틀째 계획을 따르지 않고 늑장을 부렸다. 왜 그랬을까? 나도 모르겠다. 하지만 좌절은 금물이다. 더 능동적으로 행동할 수 있도록 강제로 나 자신을 밀어붙여야 한다."

대문호 톨스토이의 일기다. 나는 특히 이틀이나 늑장을 부렸다는 부분에 감명 받았다. 이렇게 대단한 사람도 할 일을 미뤘구나. 그런 자신 때문에 골치를 썩었구나. 계속 똑같은 다짐을 했구나.

톨스토이는 스스로 많은 생활 규칙을 세우고 그것을 지키기 위해 애썼다고 한다. 그런데 마음과 달리 실제로는 지키지 못한 적도 많았다. 톨스토이테라피tolstoytherapy.com를 운영하는 블로거가 인용한 톨스토이 전기에 따르면, 계획을 잘 지킨 날도 있지만 '아무것도 하지 않고' 보낸 날도 많았다. 그런 날은 온종일 '불만족스럽게' 보내거나 딴 짓을 하거나 낮잠으로 허송세월했다. 목록 가운데 여자를 멀리한다는 다짐도 있으니, 그 역시 어지간히도 욕구에 시달린 듯하다. 특히 일로써 욕정을 억눌러야 한다고 다짐하는 걸 보면 그는 코끼리를 어르고 달랠 줄은 몰랐던 게 틀림없다. 얼마나 힘들었을까!

욕정과 게으름 때문에 힘들어 하면서도 코끼리를 달랠 줄 몰랐던 톨스토이가 위대한 성과를 낼 수 있었던 비결이 있다. 바로 일기다. 그는 18살부터 죽을 때까지 60년 넘게 일기를 썼다. 위대한 사상가의 일기이니 만큼 주옥같은 사색은 물론 위와 같은 끊임없는 자기반성도 기록했다.

초등학교 때 쓴 내 일기는 언제나 '다음엔 ~해야겠다'로 끝났다. 우리는 그 시절 모두 반성과 성찰의 대가였던 셈이다. 당시에는 매번 똑같은 말로 끝맺는 형식적인 일기를 대체 뭣 하러 쓰나 하는 회의가 들었다.

이제 와서 보니, 그게 아니다. 일기는 코끼리를 살피고 다스리는 데 역할을 톡톡히 한다. 두 가지 역할이 있다.

첫째, 일기는 암기 수단이다. 우리는 여태까지 한 번도 코끼리를 다뤄 본 적이 없다. 설명을 들으면 '아, 그렇구나' 할 수는 있어도 막상 코끼리가 난동을 피우는 상황이 되면 정신이 혼미하다. 코끼리가 움직이기 시작하는 걸 알아채기는커녕 육중하고 힘센 코끼리에게 휘둘리고 만다. 휘둘리기 시작하면 대책이 없다. 나도 모르게 순식간에 상황 종료다.

따라서 처음엔 필히 되돌아보는 시간이 필요하다. 하루를 돌아보면서 내가 코끼리에게 휘둘린 적이 없었는지 점검하는 것이다. 혹시 있었다면 그 순간을 회상하면서 그때 어떤 느낌이었는지 살펴본다. 대충이 아니라 가능한 상세하게 그 느낌을 되살리고, 그대로 적어야 한다. 미사여

구는 필요 없다. 그냥 아는 단어로 느낌을 표현하는 게 중요하다.

내가 놓친, 코끼리를 달랠 타이밍은 언제였는지도 찾아본다. 그리고는 마지막 문장에 느낌표를 붙인다. 다음엔 그 타이밍을 놓치지 말아야겠다! 또는 톨스토이의 '~해야 한다'를 업그레이드한 문장을 쓰자. 다음엔 정신을 더 바짝 차리자!

식상해도 자꾸만, 될 때까지 다짐해야 한다. 다짐은 한마디로 일종의 암기다. 학교 다닐 때 교과 내용을 쓰면서 외웠듯이 말이다. 기억력의 한계를 극복하는 좋은 방법이다.

감정을 치유하는 글쓰기

두 번째, 일기는 생각을 다루는 수단이다. 다룬다는 건 생각을 자유롭게 풀어놓는다는 의미다. 가끔 불현듯 어떤 부정적 기억이 떠오를 때가 있다. 억울했거나 화가 났거나 싫었거나 하는 기억이 떠오르면 기분이 한없이 추락한다. 금방 털어버리면 다행이지만 그렇지 못하는 경우도 있다. 그 생각이 꼬리에 꼬리를 물고 몰려오면 감정을 주체 못해서 결국 기분이 나빠지고 만다. 또는 뭔가 불만이 있는데 분출하지 못하는 때도 있다.

그럴 때 호흡과 가슴, 몸의 느낌을 보면서 자기감정을 포용하면 된다. 처음엔 그게 잘 안 된다. 좀 되는가 싶다가도 어느새 기분 나쁜 그 생각을 하고 있다. 점점 더 무기력하거나 우울해진다. 그럴 때 쓰자. 마음껏!

몸을 보면서 호흡이 어떤지, 가슴이 어떤지, 느낌이 어떤지 묘사한다.

어떤 생각이 나면 그 생각을 가감 없이 글자로 만든다. 이번엔 머릿속 목소리를 활자화하는 것이다. 기분 나쁜 생각을 억지로 떨쳐내려고 애쓸 필요 없이 그냥 생각나면 생각나는 대로, 느낌이 보이면 보이는 대로 마구 쓰는 것이다.

생각을 활자로 만들다 보면 답답하게 내 속에 갇혀 있던 억압된 감정이 해방된다. 글로 쓰는 동안 관심을 듬뿍 받은 생각과 감정은 오래지 않아 쿨하게 떠나간다.

생각과 감정이 내 안에서 해방되면 대개 상황 정리까지 된다. 내가 어떻게 해야 할지를 저절로 알게 되는 것이다. 생각과 느낌을 쓰면 자기 반응을 자세하고도 확실하게 볼 수 있을 뿐만 아니라 불필요한 감정이나 생각 찌꺼기가 털어지기 때문이다.

나는 풀어낸 글을 다시 본 적이 없다. 이 글을 쓰려고 한 번 찾아봤을 뿐이다. 이런 글은 온전히 반성 또는 감정 해방 용도이기 때문에 한 번 쓰면 끝이다. 자기 자신조차 다시 볼 일이 없다. 그러니 눈치 보거나 신경 쓸 것 없이 마음껏 쓰자.

강력한 이미지 트레이닝, 실수하는 모습도 상상하라

2008년 베이징올림픽 스타 가운데 한 사람은 장미란 선수였다. 당시 장미란 선수의 이미지 트레이닝이 화제가 되었다. 훈련할 때마다 벽을 향해 앉아서 눈을 감는다. 머릿속으로 경기를 하고 있는 자기 모습을 비교적 상세히 그린다. 경기장에 들어서서 손에 송진가루를 묻히고, 심호흡을 한다. 역기를 향해 걸어간다. 양손으로 역기를 잡는다. 역기를 허리까지 들어올리고, 다음엔 어깨까지, 마침내 머리 위로 번쩍 든 다음 똑바로 섰다가 몇 초 후 역기를 무사히 내려놓는다. 감사 기도를 한다. 관중을 향해 손을 흔들며 인사하고 내려오는 모습까지 그린다고 했다.

이미지 트레이닝은 과학 전문지에 실릴 만큼 근거 있는 방법이다. 실험자는 학생들을 세 그룹으로 나눴다. 첫 번째 그룹에게 자유투 연습을 시켰고, 두 번째 그룹은 전혀 연습하지 않도록 했으며, 세 번째 그룹은 머릿속으로만 자유투를 성공시키는 모습을 그리도록 했다. 20일 후에 실제로 연습한 팀은 자유투 성공률이 24퍼센트 향상됐다. 아무 연습을 하지 않은 팀은 변화가 없었다. 이미지 트레이닝만 한 그룹은 성공률이 23퍼센트 개선됐다. 이미지 트레이닝만으로도 실제 연습 못지않은 효과를 얻은 것이다.

뭔가를 익히는 과정은, 신경이 특정 패턴의 고리 상태로 변하면서 뇌 조직에 새겨지는 것이라고 한다. 그런데 뇌는 실제와 가짜를 구별하지 못한다. 따라서 상상이든 실제로 몸을 움직이든 신경 고리가 만들어지는 자극으로는 차이가 없는 것이다.

뇌가 실제와 가짜를 구별하지 못하는 현상을 일상에서 종종 경험한다. 우리는 무서운 꿈을 꾸면서 식은땀을 흘린다. 그저 꿈일 뿐인데도 뇌는 실제로 위기에 처한 줄 안다. 그래서 진짜로 두려움에 떨 때와 똑같은 신체 반응이 나타나는 것이다.

이미지 트레이닝은 거의 모든 스포츠 선수들이 실행한다. 피아노 연주자도 이미지 트레이닝을 이용한다. 머릿속 상상만으로도 실제 피아노 치는 연습과 동일한 효과를 얻을 수 있다. 발레 무용수도 이미지 트레이닝 훈련을 한다고 한다. 동작을 상상하는 것만으로도 춤 실력이 향상된다는 게 입증됐기 때문이다.

일상에서 이미지 트레이닝을 활용하는 사람들도 있다. 발표를 앞두고, 사람들 앞에서 멋지게 설명하는 모습을 차근차근 그리면서 상상할 수 있다. 신나게 운동하는 모습, 아침에 정한 시간에 가뿐하게 일어나는 모습을 머릿속으로 그려볼 수도 있다.

나는 조금 다른 방법을 제안한다. 하기 싫은 일을 무리 없이 하는 모습을 상상해보되, 다짜고짜 바라는 대로 잘하는 모습을 그릴 게 아니라 긴장하는 모습, 당황하는 모습, 실수하는 모습도 상상에 포함시키는 것이다. 장미란 선수처럼 섬세하고 현실적으로 상상하자는 말이다. 우리는 해야 하지만 하기 싫은 일, 하지 말아야 하지만 참기 힘든 욕구를 다루려고 한다. 그런 일을 무조건 잘 해내는 모습만 그리면 코끼리는 부담을 느낀다. 코끼리를 다그치는 옛날 방식과 큰 차이가 없다.

발표나 면접 또는 시험을 앞두고 '잔뜩 긴장하고 있을' 자기 모습을 떠올려보자. 이어서 호흡과 몸을 보면서 자연스럽게 긴장을 푸는 모습을 그린다. 그리곤 담담하고 자신 있게 현장으로 가는 모습, 침착하게 할 일을 하고 나오는 모습을 상상하는 것이다.

고역스러운 일을 하라는 지시를 받았을 때도 마찬가지다. '순간적으로 굳어질' 자기 얼굴을 떠올린다. 이어서 자기 상태를 곧바로 자각하고 침착하게 대응하는 모습도 상상한다. 만약 지시를 거절하지 못할 상황이라면, 수긍하되 차분하고 조리 있게 할 말을 하는 모습을 그린다. 거절할 때는 흥분하거나 우물쭈물하지 말고 당당하면서도 부드러운 태도로 말한다.

전설적 골퍼 잭 니클라우스도 이런 방식으로 연습했다. 그 역시 마음속으로 행동 하나하나를 상상하며 훈련했다. 심지어 경기를 하면서도 다음 샷을 머릿속으로 그리고 나서야 골프채를 휘둘렀다. 한때 슬로우 플레이어라는 비난을 받을 정도였다고 한다. 그는 항상 이기는 장면만 그린 게 아니다. 일부러 실수하는 상상도 했다.

"나는 골프를 치기 전에 먼저 나 자신에게 여섯 번 정도는 퍼팅 실수를 할 수 있다고 말한다. 그러면 설사 잘못 쳤더라도 낙담하지 않는다. 아무리 좋은 상황에서도 사람은 실수할 수 있다. 하지만 이렇게 마음을 편하게 가지면 부담이 훨씬 줄어 실수도 덜 하게 된다."

스포츠 심리학자들은 그를 쉽게 동요하지 않는 강한 정신의 소유자라고 평가한다.

언제나 유념해야 할 것은, 우리가 결코 완벽하지 않다는 사실이다. 거대하고 둔한 코끼리에게 완벽이란 단어는 늘 부담이다. 상상 속에서조차 예외가 아니다. 머릿속이라고 해서 잘하기만 하는 모습을 그리는 건 그야말로 완벽하지 않은 훈련이다.

또 다른 방법은 이미지를 내 눈앞에 실제로 드러내는 방법이다. 혼란 속에서도 침착하게 처신하는 사람의 사진이나 바라는 것을 이루고 난 사진을 구해서 내 얼굴을 오려 붙이는 것이다. 이 역시 실제와 상상을 구분하지 못하는 뇌의 작동 원리를 이용하는 방법이다. 사진 속에 있는 내 얼굴을 본 뇌는 진짜 있었던 일로 받아들인다.

이때 그저 가벼운 마음으로 보는 자세가 매우 중요하다. 실제처럼 느끼려고 애쓰지 말고 그냥 가벼운 마음으로 볼수록 효과적이다. 억지로 그 상황을 느껴보려는 시도는 의도적이기 때문이다. 인위적 노력은 무의식에게 그 사진이 가짜라는 신호를 보낸다. 무엇이든 과도하게 애쓰거나 억지를 부리면 코끼리가 부담을 느껴 효과가 반감된다.

:: 6단계 그래도 못하겠다면 ::

일부러 미루는 것도 방법이다

함께 일했던 국회의원 가운데 교수 출신이 있었다. 경제학자로서 미국 대학에서 석좌교수에 올랐고 유수의 독일 대학에서도 러브콜을 받았다. 많은 학자가 그렇듯이 이론을 현실에 적용해 나라 경제에 이바지하겠다는 사명감을 갖고 정치에 입문한 분이었다. 배울 게 많았다. 무엇보다 복잡한 사안의 핵심을 꿰뚫고 거기에만 집중하는 태도가 괄목할 만한 성과를 이룬 밑바탕이 아닐까 생각했다.

힘든 면도 있었다. 너무 꼼꼼하고 신중해서 다른 의원이 대표 발의하는 법안조차 우리가 일일이 검토하고 대안까지 마련해야 했다. 결재도 오래 걸렸다. 특히 선택지가 여러 개 있을 때 결정을 미뤄서 직원들이 애를 먹었다. 나도 면접 보고 나서 떨어진 줄 알았다. 의원이 최종 결정을 미루는 바람에 한 달 넘게 소식을 기다려야 했다. 의원이 직접 써야 할 기고문도 항상 마감 독촉을 받았다. 기고문이나 채용뿐만이 아니라 마감이 있는 거의 모든 일을 미뤘다. 더 이상 미룰 수 없을 때 보좌관이 한 번 더 독촉하면 결정했다. 중요하다고 생각하는 일일수록 더 그랬다.

왜 결정을 미루는 걸까 궁금했다. 너무 신중한 성격 때문이기도 하고 잘하고 싶은 욕심도 있었으리라. 그런데 그게 다가 아니다.

인지과학자 박경숙의 저서 《문제는 저항력이다》에서 스탠퍼드 대학 철학과 존 페리 교수 얘기를 읽으면서 나는 그 의원을 떠올렸다. 인간은 합리적으로 의사결정을 하는 기계가 아니라 욕구와 충동 덩어리라고 페리 교수는 말한다. 해야 할 일을 생각하면 자리에서 벌떡 일어나야 하지만, 한편으로는 편하고 싶은 욕구가 늘 우리를 눌러 앉힌다는 것이다. 이런 통찰은 자기 경험에서 나왔다. 그 역시 엄청나게 미루는 태도를 갖고 있었다. 해야 할 일을 자꾸 미루는 자기 자신과 싸우고, 실망하고 했을 것이다. 그러다가 마침내 그는 자기 자신이 욕구와 충동 덩어리라는 사실을 인정한다. 그리고는 미루는 태도를 고치는 것을 포기한다.

"내가 이 글을 쓰기로 마음먹은 것은 벌써 여러 달 전 일이다. 그런데 왜 이제야 쓰냐고? 마침내 짬이 났냐고? 아니다. 나는 지금 답안지 채점도 해야 하고, 교재 주문서도 작성해야 하고, 미 국립과학재단 제안서도 심사해야 하며, 제자의 학위 논문 초안도 읽어야 한다. 하기 싫은 이 모든 일을 하지 않을 방편으로 난 이 글을 쓰고 있다."

다소 어이가 없으면서도 기발하다! 그는 해야 할 모든 일을 일단 미룬다. 많은 일 가운데 더 이상 미룰 수 없는 일부터 하는 것이다. 내가 함께 일했던 그분도 이 방법을 쓴 것일까? 그때 동료들이 일부러 미루는 방법이 있다는 걸 알았더라면 언제 결정하려나 하며 애태우지 않았을 텐데….

내가 모신 의원이나 페리 교수나 둘 다 괄목할 만한 성취를 이뤘다. 의원은 세계적인 게임(협상)이론 권위자다. 페리 교수는 논리학, 언어철학,

형이상학 분야에서 큰 공을 세웠다. 그러니 의도적 미루기도 꽤나 쓸 만한 방법이라고 볼 수 있다. 할 일을 신속히 해치운다는 기대를 일찌감치 접고, 아예 처음부터 데드라인에 닥쳐서 일할 생각을 하는 것이다. 그러면 적어도 '해야 되는데, 해야 되는데…' 하면서 코끼리를 괴롭히지는 않는다. 마감이 임박하기 전까지는 쓸데없는 에너지 소모를 하지 않아도 된다. '자아 고갈'에 빠질 염려가 없다.

당신 자신을 믿지 마라

이 방법이 효과적인 근거는 '통제 편향'에 휘둘릴 위험을 사전에 차단한다는 데 있다. 통제 편향이란 충동을 억제하는 자기 능력을 과대평가하는 경향이다. 암스테르담 대학과 노스웨스턴 대학에서 공동 연구한 결과에 따르면, 자신의 절제력을 과신하는 사람은 스스로 강한 유혹에 노출되는 상황을 꺼리지 않는다. 연구팀은 골초 대학생들을 상대로 실험 관찰했다. 먼저 자신의 절제력을 어떻게 평가하는지 알아보기 위해 스스로 담배 유혹을 얼마나 잘 다스릴 수 있다고 생각하는지 물었다. 그리고는 영화를 보는 동안 담배를 피우지 않으면 돈을 주겠다고 하면서 네 가지 가운데 하나를 선택하도록 했다. 담배 유혹을 이겨내면 보상금도 네 가지 강도에 따라 차등으로 받는다.

1) 가장 낮은 단계 (2유로) – 담배를 다른 방에 두고 영화를 본다.
2) 두 번째 단계 (4유로) – 담배를 같은 방 책상 위에 올려두고 영화를 본다.

3) 세 번째 단계 (6유로) - 담배를 손에 쥐고 영화를 본다.

4) 네 번째 단계 (8유로) - 담배를 입에 물고 영화를 본다.

자신의 절제력을 낮게 평가한 사람은 대체로 두 번째 단계를 선택했다. 반면, 자신의 절제력을 높게 평가한 사람은 세 번째 단계를 택했다. 통제 편향이 큰 사람들이 스스로를 더 유혹에 노출시키는 선택을 한 것이다. 그 결과 자신의 절제력을 낮게 평가한 사람들은 11% 정도만이 흡연 유혹에 넘어간 반면, 높게 인식한 사람들은 그 비율이 33%로 세 배 높았다.

실제로도 금연에 실패하는 사람들은 대개 흡연 유혹이 있는 환경에 대해서 부주의했다고 한다. 따라서 계획을 세우거나 결심을 할 때 의식적으로 자신의 절제력을 낮게 평가하는 자세가 필요하다고 연구팀은 조언한다. 아예 처음부터 미루기로 작정하는 것보다 더 자신의 절제력을 낮게 평가하는 방법이 어디 있겠는가?

더욱이 창조성과 관련한 일이라면 이 방법이 좋은 성과를 가져올 수도 있다. 와튼 스쿨 애덤 그랜트 교수에 따르면, 미룬 사람들이 내놓은 결과물이 28% 더 창의적이었다. 그런데 전제가 있다. 무작정 놀고먹으면서 미루는 게 아니라 미루는 동안 그 일에 대해서 계속 생각해야 한다. 그 경우만 더 창의적이었다. 일리 있다. 글을 쓸 때 어떤 아이디어가 떠오르자마자 쓰는 것보다 어느 정도 시간을 갖고 계속 생각하면 글 알맹이가 성숙해진다. 써야 할 주제에 관해서 이런저런 생각을 하면서 의도적으로 미루는 것이다.

그러고 보면 미루는 행위 자체가 나쁜 게 아닐 수 있다. 진짜 문제는 움직이지 않으려는 코끼리를 억지로 일으키려고 채찍질하는 태도다. 나는 나대로, 코끼리는 코끼리대로 지쳐서 결국 둘 다 꼼짝 못하고 마는 지경이 되고 만다. 그런 태도 때문에 우리는 성과도 못 내면서 괴롭고 힘겨운 삶을 사는 것이다.

싫은 일을 하는 연습으로 삼으라

윌리엄 글래드스턴은 영국 내각에서 수상(총리)을 네 차례나 역임했다. 상속세와 무기명 투표제를 도입하는 등 여러 개혁을 추진했다. 그 공로를 인정받아 백작 직위를 받았으나 사양했다. 영국인은 그를 윈스턴 처칠과 함께 가장 위대한 영국 수상으로 여긴다고 한다.

이처럼 훌륭한 사람도 하기 싫은 일이 있었고, 너무 하기 싫어서 투정을 부린 적이 있다. 옥스퍼드 대학에 다니던 시절, 그는 수학을 너무 싫어했다. 골치 아픈 데다가 재미도 없고, 더욱이 실생활에서 전혀 쓸모도 없는데 수학을 도대체 왜 공부해야 하는가, 하는 생각을 했다. 한참을 괴로워하다가 끝내 아버지에게 편지를 보냈다. "수학을 배우지 않는 학교로 편입하고 싶습니다." 그러자 아버지가 답장을 보냈다.

"필요도 없어 보이고 잘하지도 못하는 수학이 싫다는 말은 알겠다. 하지만 앞으로 살면서 힘든 일, 싫은 일에 맞서야 할 때가 숱하게 많을 텐데 미리 연습하는 셈 쳐보렴."

글래드스턴의 아버지는 성공한 상인이었으며 하원의원까지 지낸 인물이었다. 글래드스턴의 아버지는 살면서 수두룩하게 만나게 될 하기 싫은 일을 얼마나 잘 해내는지가 삶의 질을 좌우한다는 사실을 알고 있었다. 아버지의 답장을 받은 글래드스턴은 하기 싫은 수학을 피해 학교를 옮길 생각을 접었다. 그리고 수학 공부를 할 때마다 하기 싫은 일을 하는 연습을 한다고 생각했다고 한다.

하기 싫은 마음을 다루는 가장 효과적인 방법

하기 싫은 일을 연습하기 위해 하기 싫은 일을 하라고? 이게 무슨 방법이야? 어불성설이라고 생각할 수도 있다. 하지만 이 방법으로 하기 싫은 마음을 다루는 데 가장 간단하게 효과를 볼 수 있다.

내 삶의 태도가 하기 싫은 일을 안 하려고 피하는 도망자의 모습이라는 것을 발견한 뒤, 나는 아예 하기 싫은 일을 하는 연습을 해야겠다고 마음먹었다. 절 운동을 그 수단으로 삼았다. 절 운동은 불교 수행 방식 가운데 하나인 108배에서 종교 의미를 빼고 단순하게 절을 108번 하는 운동이다.

처음엔 쉽지 않다. 안 쓰던 근육을 쓰니 몸이 많이 힘들다. 그보다 더 힘든 것은 '언제 백 번을 다 하나?' 하는 조급한 마음이다. 그래도 의욕이 넘치니 힘들어도 참고 했다. 그런데 며칠 지나니까 하기 싫은 마음이 올라왔다. 그럴 때마다 '이건 본래 하기 싫은 일을 하는 연습을 하려고 시작한 운동'이라는 취지를 떠올리면 신기하게도 싫던 마음이 순간적으로 싹 사라졌다. '아, 이건 원래 하기 싫은 일이야.' 이렇게 인정하면 하기 싫어서 몸부림치던 코끼리가 갑자기 잠잠해진다.

장담하건데, 윌리엄 글래드스턴도 그것을 느꼈을 것이다. 그가 대학시절 두각을 나타낸 과목이 바로 수학이기 때문이다. 아무리 머리가 좋다 하더라도 그토록 하기 싫어하던 수학에서 좋은 성적을 내려면 상당한 시간과 노력을 들이지 않고서는 불가능하다. 오랜 시간 동안 하기 싫은 마음을 무조건 억누르거나 코끼리와 씨름하면서 공부하기란 매우 힘든 일이다. 그런 식으로는 출중한 성적을 내기 어렵다. 하기 싫은 일을 하는 연습을 한다는 마음가짐이 수학을 싫어하는 자기감정을 온전히 받아들이는 신호로 작용했을 것이다. 그러자 불필요한 저항감이 사라지고 평온하게 수학 공부를 할 수 있었을 것이다. 그리고 마침내는 수학을 즐겼을지도 모를 일이다.

'이 일은 본래 하기 싫은 것'이라고 인정한다는 것은 하기 싫은 마음을 따르라는 의미가 결코 아니다. 하기 싫다고 '하지 않는' 것과 하기 싫다는 '마음을 받아들이는' 것은 전혀 다른 차원이다. '하지 않는' 것은 마음을 표출하는 행위(doing)이고 하기 싫은 '마음을 인정'하는 것은 그런 마음이 있다는 것을 확인하는 존재(being) 차원이다. 우리에게는 일단 자신의 마음 상태를 있는 그대로 인정하는 태도가 중요하다. 그 마음을 따라 행동할지 아니면 그 마음을 따르지 않을지는 그 다음 문제다.

내가 좋아하지 않더라도 그 존재를 인정할 수 있다. 불안이나 슬픔, 분노나 두려움 또는 부정적 생각이나 불쾌한 상황 그리고 혐오스러운 사람이나 고통스러운 경험 같은 것들 말이다. 반갑지 않고 싫지만 어쨌든 우리 삶에 존재하는 것들이다. 존재를 인정하고 받아들인다는 건 그런 상태가 되겠다는 신호가 아니다. 일단 존재를 인정해야만 그것을 극복하거나 바꿀 수 있다. 달갑지 않은 것들에서 도망가지 않고 그것을 인정하고 받아들일 때 비로소 그것을 다루는 방법을 모색할 수 있다.

앞서 자기감정이나 정서 상태에 이름을 붙여서 그것이 무엇인지 정확히 알면 부정적 감정이 사라진다는 연구 결과를 소개한 바 있다. '아, 이건 원래 겁나는 일이지.' '이거 본래 하기 싫은 일이야.' '아, 원래 그는 싫은 사람이지.' 이렇게 인정하는 태도도 자기감정이나 정서 상태에 이름을 붙이는 것이다.

피할 수 없다면 즐기라는 말이 있다. 근사한 말이지만 실제로 이렇게 할 수 있는 사람이 얼마나 될까? 죽지 못해 하고 있는 건데 즐기라니, 너무 비현실적이다. 하지만 '그건 본래 싫은 일이려니' 하고 인정하는 것은 즐기라는 말보다 훨씬 현실적이다. 누구나 할 수 있다.

너무 싫은 일을 해야 하거나 싫은 사람을 만나야 할 때 '하기 싫은 일을 하는 연습'으로 삼아보자. 그렇게 마음먹는 순간, 마법처럼 코끼리가 얌전해지는 것을 느낄 것이다.

3장

힘을 기르면 인생이 이렇게 달라진다

천사는 우리에게 선물을 고통과 고난으로 포장해서 준다는 말이 있다. 그처럼 기회는 기회로 등장하지 않는다. 그저 하찮고 사소해 보이는, 그래서 사람들이 거들떠보지 않는 '재료'로 나타난다. 기회가 될 재료를 알아보는 힘은 하찮아 보이는 일, 그래서 다들 꺼리는 일을 열심히 하는 자세에서 나온다.

남들이 꺼리는 일을 기꺼이 해내 기회를 잡는다

나는 아르바이트를 계기로 국회에서 일하게 되었다. 비록 아르바이트이긴 했지만 내겐 첫 사회 생활이었던 만큼 열심히 했다. 맡은 업무와 상관없이 사소한 일을 시켜도 말 떨어지기가 무섭게 벌떡벌떡 일어났다. 내 주요 업무는 금융관련 법률집에 들어갈 법을 정리하는 일이었다. 단순한 작업이었지만 양이 많았다.

나 말고 내 또래 아르바이트 직원이 두 명 더 있었다. 그 둘은 나와 달리 다른 직장을 다닌 경험이 있었다. 그래서일까? 태도가 나와는 조금 달랐다. 단기 목적을 위해서 채용된 만큼 맡은 일만 하면 된다고 말하곤 했다.

의원실 업무에는 잡무가 참 많다. 대표적으로 우편물 작업이다. 홍보물이나 편지 또는 카드를 일일이 접어서 봉투에 넣은 다음, 주소 라벨을 붙이고 우체국 직인을 찍는 일까지 직원이 직접 했다. 유권자와 지인뿐만 아니라 업무 관련 사람들에게도 보내기 때문에 작업할 양이 많다. 나중엔 청소하는 아주머니에게 돈을 조금 주고 부탁했고, 지금은 인쇄업체에서 해주는 경우가 많은데 그때는 직원이 직접 하는 경우가 대부분이었다.

크리스마스이브였다. 새해 연하장 작업을 해야 했다. 카드와 봉투가 하필 오후 늦게 도착했다. 성탄절에 쉬려면 야근이 불가피했다. 상사들은 우리에게 도와달라고 부탁했다. 우리 셋 다 약속이 있었다. 크리스마스이브니까! 동료들은 퇴근하면서 왜 아르바이트하는 우리에게 그런 것까지 시키려고 하냐면서 불만스러워했다. 나는 뭔가 불편했다. 친구를 만나는 동안 계속 찜찜한 마음이었다. 친구와 헤어지고 나니 밤이 늦었지만, 사무실에 다시 가봤다. 직원들이 둘러앉아서 발송 작업을 하고 있었다. 내가 가니 무척 반가워했다. 나는 일을 마칠 때까지 남아 있었다.

얼마 후 인턴제도가 생겼다. 그때 처음으로 의원실에 인턴 한 명을 둘 수 있게 됐다. 의원실에서는 우리 가운데 하나를 뽑으려고 했다. 하지만 우리가 한 작업은 단순해서 능력을 가리는 기준으로 삼기에 부족했다. 상사들은 꽤나 고민했던 것 같다. 결국 내가 낙점 받았다. 이후 나는 국회에서 계속 경력을 쌓을 수 있었다.

나는 운이 좋았다. 하필 아르바이트가 끝나갈 그 시점에 인턴제도가 생겼으니 말이다. 그 운을 내가 잡을 수 있었던 건, 능력이 뛰어나서가 아니라 다른 동료가 마다하는 일을 했기 때문이었다.

능력보다 태도

직장 생활을 하면서 태도가 중요하단 것을 많이 느꼈다. 경쟁이 불가피한 곳에서는 더 그렇다. 능력을 무 자르듯이 명확하게 측정할 수 있으면 좋으련만 사람이 모여서 하는 일이라 애매한 경우가 많다. 특히 아래 직급일수록 업무가 단순해서 실력을 가늠하기가 더 어렵다. 게다가 다들 열심히 한다. 그런데 위로 올라갈수록 자리는 적어지니 그곳에 누구를 올려 보낼 것인가 평가하는 일은 상사에게도 늘 고역이다.

함께 일하던 상사 중에 지금 대기업에서 일하는 분이 있는데, 가장 힘든 일이 직원 평가라고 했다. 다들 열심히 하는 걸 알고 있는데 누군가에게는 상대적으로 좋지 않은 평가를 해야 하니 고역스러운 일일 것이다.

애매모호한 실력 차이를 구분해주는 게 바로 다들 하기 싫어하는 일을 하는 태도다. 하찮아 보이거나 힘든 일에 몸 사릴 궁리만 하면 실력이 좋아도 오래가지 못한다. 승진을 거듭해도 하기 싫은 일은 계속 나타나기 마련이다. 게다가 직급이 높을수록 본인이 꼭 해야 하는 업무가 많다. 아무리 임원이 된다한들, 사장이 된다한들 하기 싫은 일을 하는 건 여전히 괴롭다. 그때도 이리저리 피하려 하다가는 큰 낭패를 본다. 혹시 로비나 아부, 연줄 같은 게 더 유용하다고 여길지도 모르지만 섣불리 꼼수를 부리다가 오히려 역풍 맞는 수가 있다. 의외로 그런 거 싫어하는 상사도 많다.

국회의원실에서 오래 일한 보좌관 가운데 질의서 쓰기를 싫어하는 사람들이 종종 있다. 자기가 맡은 기관마저도 쓰기 싫어서 능구렁이같이 이렇게 저렇게 부하 직원에게 미룬다. 그런 사람은 머지않아 회관에서 보지 못한다. 그 반대 경우도 있다.

어느 날 갑자기 예상치 못한 큰 이슈가 생기면 회기 중이 아니더라도 회의를 연다. 보좌진은 불시에 질의서를 써야 하는데, 이게 큰 스트레스다. 다들 꺼린다. 그럴 때 누군가 나서면 당연히 상사에게 좋은 점수를 받는다. 운이 나쁘면 공을 가로채 가는 황당한 상사를 만날 수도 있다.

힘들게 일을 마무리했는데 아무도 알아주지 않을 수도 있다. 그래도 손해 볼 건 없다. 순발력은 매우 중요한 능력이기 때문이다. 재빨리 핵심을 파악하고 자료를 만들 줄 아는 능력은 어느 조직에서든 강점이다.

《군주론》에서 마키아벨리는 말한다. "명성에 빛나는 지도자 행위를 자세히 검토하면, 그들이 운명에게서 받은 것이라곤 기회밖에 없었다는 걸 발견할 것이다. 그 기회라는 것도 그들에게는 재료로 제공됐을 뿐이다. 그들은 그 재료조차 자기 생각에 따라 요리했다."

천사는 우리에게 선물을 고통과 고난으로 포장해서 준다는 말이 있다. 그처럼 기회는 기회의 모습으로 등장하지 않는다. 그저 하찮고 사소해 보이는, 그래서 사람들이 거들떠보지 않는 '재료'로 나타난다.

기회가 될 그 재료를 알아보는 힘은 어디에서 나올까? 하찮아 보이는 일, 그래서 다들 꺼리는 일을 열심히 하는 자세에서 나온다. 그 힘이 있으면 당장 빛을 보지 못하더라도 언젠가 불시에 나타날 좋은 기회를 붙잡을 수 있다.

감정을 통제하고 원하는 것을 얻는다

엄마는 항상 화를 냈다. 초등학교 때까지는 부드럽고 친절한 엄마였는데, 언젠가부터 조금씩 변했다. 장난꾸러기였던 동생은 진지한 데가 없고 늘 까불거렸다. 혼나도 그때뿐 금세 또 까불까불했다. 초등학교 때 동생은 친구들과 어울려 놀기 바빴다. 하루 종일 놀다가 밤늦게 들어왔다. 엄마가 공부하라고 다그쳤지만 동생은 말을 듣지 않았다. 그러자 엄마는 자주 화를 내며 혼냈다. 어느 날, 동생은 방문을 잠그고 문제집을 창밖으로 내던졌다. 집이 불길에 휩싸이는 듯했다.

나도 갈수록 성적이 떨어지고 공부를 게을리 했다. 엄마는 내게도 화를 내기 시작했다. 한창 사춘기, 삐딱했던 나는 매번 맞받았다. '엄마는 왜 매번 화부터 내는 걸까? 잘못한 걸 엄하게 꾸짖으면 받아들일 텐데…' 엄마에게 말했다. "엄마, 화를 내지 말고 혼을 내!" 그 말에 엄마는 또 화를 냈다. 나는 내 태도나 행동을 반성하기보다 늘 엄마가 불만이었다. 나보다 엄마가 더 잘못한다고 생각하며 원망했다.

선생님들도 훈육이 아니라 화내는 경우가 많았다. 십대 청소년은 한창 사춘기라 다루기가 어렵다. 아이들이 짓궂고 버릇없이 굴면 화가 날 것이다. 하지만 선생님이 화내면 아이들은 귀담아 듣지 않았다. 당장 그 앞에서는 움츠러들어서 고개 숙이고 있지만 반성하는 경우는 거의 없었다. 내 기억에 나는 혼나 본 적이 거의 없다. 화풀이를 당한 기억만 있다.

엄마나 선생님은 아이들이 잘못을 뉘우치고 태도를 개선하기를 바랐을 것이다. 하지만 화풀이와 꾸중은 엄연히 다르다. 분노를 표현하는 것과 상대를 공격하는 것도 다르다. 화나는 내 감정을 표현하는 건 잘못이 아니다. 나를 위해서도, 상대를 위해서도 필요하다. 문제는 내 감정을 표현하는 게 아니라 답답한 내 감정을 상대에게 퍼붓고, 상대를 공격하는 태도다. 그 태도 때문에 상대에게는 진짜 의도가 전달되지 않는다.

화내는 사람의 말은 진지하게 들리지 않기 때문이다.

협상에서 가장 중요한 것

아무리 잘나도 혼자서 이룰 수 있는 일은 거의 없다. 가장 큰 자산은 사람이라고 하듯이 뭐든 원하는 것을 얻으려면 사람을 잘 다룰 줄 알아야 한다. 그런 면에서 협상과 설득은 비즈니스에서만이 아니라 일상에서도 늘 이루어진다고 할 수 있다. 가령, 엄마나 선생님이 아이의 태도를 바로잡을 때도 설득이 필요하다. 너보다 내가 더 세상을 많이 아니까 무조건 내 말을 따르라고 하면 상대를 설득할 수 없다.

설득과 협상에서 중요한 사항은 감정 통제다. 내 감정을 먼저 다스린 다음 상대 감정에 공감을 표하는 것이 설득의 시작이다. 우리가 코끼리를 다루는 방식과 비슷하다. 와튼 스쿨에서 협상론을 강의하는 스튜어트 다이아몬드 교수가 꼽는 덕목이 있다. 목표 집중, 감정 절제 및 상대 이해, 신뢰와 끈기, 실천 등이다. 그 가운데 감정 절제는 기본 가운데 기본이다. 협상의 성공 여부를 좌우하는 건 감정, 기분, 성격, 인식, 태도, 말 같은 정서적 요소다. 때문에 자기감정에 휘둘리다가는 상대 정서를 자극할 위험이 있다. 의외로 정보나 지식은 협상력에서 매우 미미한 역할을 한다.

다이아몬드 교수는 한 가지를 더 덧붙인다. 협상 목적은 상대를 이기는 게 아니라 원하는 것을 얻는 것임을 잊지 말라고 강조한다. 당연한 말인데 실제 상황에서는 자꾸 잊어버린다. 상대 기분이나 입장을 무시한 채 정보나 지식만 갖고 따지다가 곧잘 감정적으로 변하기 때문이다. 급기야 감정에 휘둘린 나머지 원하는 것을 얻으려 했던 본래 목적을 잊는다. 어느새 시시비비를 따지면서 상대를 이기려고 핏대를 세우는 실수를 저지르고 만다.

상대방이 비이성적 태도를 보여도 나는 정신을 똑바로 차려야 한다. 감정을 절제하고, 때로는 요구사항을 들어주면서 상대를 어르고 달랠 때 내가 원하는 방향으로 '한 걸음씩' 유도할 수 있다. 화내고 제멋대로인 상대방 코끼리를 상대하는 나는 침착한 여우 조련사가 돼야 하는 것이다. 승자는 끝까지 우리 안의 코끼리(감정)에 휘둘리지 않는 사람이다.

싸우지 않고 이기려면

얼마 전 도로 위에서 다툼이 벌어질 뻔했다. 우리 차 앞으로 어떤 차가 막무가내로 끼어들었다. 남편이 창문을 열고 항의하는 제스처를 취했더니, 끼어든 차가 섰다. 운전석 문이 열렸다. 그가 남편 앞으로 다가와 손짓하며 뭐라 뭐라 한다. 화가 나서 심장이 벌렁거렸다. 자기가 무리하게 끼어들고는 도리어 큰 소리라니! 코끼리가 움찔했다.

당장 뛰어나가! 그놈 멱살을 잡고 한바탕 퍼부어 줘!

코끼리 너, 알았어! 일단, 잠깐 있어봐!

부들부들 떨고 있는 나를 간신히 지켜봤다. 나는 내 코끼리를 달래느라 혼쭐이 났다. 그 사이 끼어든 차 운전자는 가버렸다. 우리가 대꾸하지 않자 도로 위에 뻘쭘하게 서 있다가 자기 차로 돌아갔다. 그는 괜히 차에서 내렸다가 아무 성과도 없이 다시 타고 만 꼴이 됐다. 도로 위 다툼은 가능한 만들지 않는 게 낫다. 남편도 굳이 항의하는 시늉을 할 것까진 없었다. 출근시간이라 차가 많았는데, 버스 차선에 접어드는 구간이니 그냥 양보하면 될 일이었다.

내가 원하는 것을 쥐고 있는 상대가 화내고 제멋대로 반응한다면, 우리는 그런 대상에게 이미 익숙하다. 줄곧 제멋대로인 내 안의 코끼리를 어르고 달래는 연습을 했으니까! 해야 하는 일도 내키지 않으면 미루려고 하는, 그 다루기 힘든 코끼리 말이다.

상대에게 내 뜻을 관철시키려고 할 때 내 코끼리를 다스리는 데 능숙하다면 유리하다. 내 감정뿐만 아니라 상대 감정에도 휘둘리지 않고 중심을 잡을 수 있다. 내 목적을 잊지 않고, 목적 달성에 필요한 조치를 침착하게 취할 수 있기 때문이다.

내가 진짜 원하는 것이 무엇인지 안다

고즈넉한 시골, 귀뚜라미 한 마리가 가을밤을 아름다운 선율로 채우고 있다. 멜로디에 흠뻑 빠진 당나귀는 귀뚜라미를 부러워했다. 자기도 그처럼 노래를 잘 부르고 싶었다. 당나귀는 귀뚜라미에게 물었다.

"네 노래의 비밀이 뭐니? 넌 대체 뭘 먹기에 그렇게 아름다운 소리를 낼 수 있는 거야?"

귀뚜라미가 새침하게 대답했다.

"이슬!"

"아, 아름다운 소리의 비밀은 이슬이구나. 나도 지금부터 이슬만 먹어야겠다! 이슬을 열심히 먹으면 나도 아름다운 소리를 낼 수 있을 거야."

그때부터 당나귀는 이슬만 핥아먹었다. 하루… 이틀… 며칠 동안 이슬만 먹자 기운이 없어 축 처졌다. 기운이 빠지니 아름다운 소리는커녕 목소리 내는 것조차 힘들었다. 이건 아니다 싶은 생각이 들었다. 하지만 아름다운 목소리를 가지려면 감내해야 할 일이라고 여기고 참았다. 며칠 뒤 당나귀는 결국 굶어 죽었다.

굶어 죽은 당나귀와 같은 뜻을 가진 동료 당나귀가 있었다. 처음엔 그 당나귀도 이슬만 먹었다. 그러다 일찌감치 그만뒀다. 기운이 빠지면서 목소리가 나오지 않고 괴롭기만 했기 때문이다. 다른 방법을 찾았다. 일단 풀을 뜯어먹고 기운을 차렸다. 그러고 나서 한적한 곳에서 혼자 연습을 했다. 물론 풀도 평소처럼 먹었다. 얼마 후 당나귀 목구멍에서 우렁차고 시원한 노래 소리가 터져 나왔다.

그 당나귀는 이건 아니다 싶은 느낌을 외면하지 않았다. 뭔가 문제가 있다 싶은 느낌이 들자 방법을 바꿨다. 새로운 방법 역시 즐겁기만 한 건 아니었다. 같은 소리를 반복해서 내는 게 지겨웠다. 마음에 드는 소리가 나오지 않고 뜻대로 되지 않는 날이 계속되자 괴로웠다. 그래도 몸에 힘이 빠지지는 않았다. 잘 먹고 쉬고 나면 컨디션을 회복했고 계속 연습할 수 있었다. '과연 내가 할 수 있을까?' 때때로 그런 생각이 들긴 했지만 이슬만 먹을 때와는 달랐다. 이건 아니다 싶은 느낌은 없었다.

진짜 욕구와 가짜 욕구를 알아차리는 방법

당나귀의 노래 연습처럼 세상일은 신나고 흥미로운 일보다 지루하고 막막한 일로 가득하다. 아무리 하고 싶어서 스스로 벌인 일이라 할지라도 말이다. 마크 주커버그나 엘론 머스크는 유능함을 '지겹고 짜증나는 수많은 일을 피하고 싶은 욕구를 다루는 능력'이라고 말하지 않았던가! 이 능력을 갖추기 위해서는 먼저 하기 싫은 마음이 들 때 그 욕구가 진짜인지 가짜인지 구분할 줄 알아야 한다. 내면에서 우러나는 직감인지 아니면 그저 일신의 안위와 편하고 싶은 욕구인지를 아는 능력이 우선이다.

내면에서 올라오는 욕구를 무조건 모른 척하고, 해야 하는 일에만 몰두하면 진짜 자기 인생을 살지 못한다. 하고 싶은 일만 하는 사람은 자칫 남에게 피해를 줄 수 있지만, 해야 하는 일만 우선시하는 사람은 행복하지 않다. 의무감으로 사는 사람은 대개 자신의 욕구가 아니라 타인의 시선을 기준으로 선택하기 때문이다. 자연스럽게 올라오는 자기 욕구를 억압하다가는 내면의 목소리를 듣지 못하는 귀머거리가 된다. 이슬만 먹다가 굶어 죽은 당나귀처럼 뭔가 아니라는 느낌을 '지겹고 짜증나는 수많은 일을 피하고 싶은 욕구'로 착각한다. 이런 상태에서는 아무리 열심히 노력해도 한계에 부딪힐 수밖에 없다. 결국 '이렇게 열심히 하는데도 나는 이 정도밖에 안 되는 건가!' 하며 분노하고 원망한다. 심하면 굶어 죽은 당나귀처럼 파국으로 치닫고 만다.

자신의 진짜 욕구를 알아야 행복하게 살 수 있다. 그런데 내면의 목소리를 어떻게 들을 수 있는지 도통 알 수가 없다. 내면의 목소리를 따르라고만 하지, 어떻게 들을 수 있는지 방법을 알려주지는 않는다.

내면의 목소리는 욕구와 느낌으로 나타난다. 따라서 진짜 내 욕구와 타인의 시선을 의식한 가짜 욕구를 구분하는 게 우선이다. 그 수단은 역시 몸이다. 가슴이나 내면 어디에서 일어나는 느낌이 편안하고 좋으면 진짜 욕구다. 그런데 그 느낌은 별안간 찾아왔다가 쏜살같이 사라진다. 그래서 파악하기가 어렵다.

번갯불에 콩 구워 먹듯이 느낌이 사라지고 나면 곧바로 생각이 튀어나오기 시작한다. 이것저것 따지기 시작하는 것이다. 이때부터 욕구는 왜곡된다. 이런저런 여건을 살피다가 평소 회피하던 일이라든가 손해 볼 가능성이 보이면 하기 싫다는 생각이 싹튼다. 신중하게 검토한들 생각이 바뀌는 경우는 별로 없다. 부정성에 민감한 뇌의 성향 때문이다. 마침내 그 일을 피할 궁리를 하기 시작한다.

진짜 욕구를 알려주는 느낌은 뭐라 말로 설명하기 어렵고 비합리적으로 보인다. 가짜 욕구는 사뭇 이성적으로 보인다. 《생각 버리기 연습》으로 알려진 일본 승려 코이케 류노스케는 '하고 싶은 일'이라는 것에는 속임수 같은 부분이 있다고 말한다. 수입이나 사회적 평판 또는 장래성 등에 따라서 그 일에 대한 마음이 달라질 수 있기 때문이다. 수입,

평판, 장래성, 이런 요소가 그럴 듯하면 누구나 내 결정이 합리적이라고 납득하지 않던가.

직감을 기르는 방법은 오랜 시간 성공과 실패를 반복하면서 경험치를 축적하는 것이라고들 한다. 그러면 어느 순간 과거와 비슷한 상황을 만나게 될 것이고 그때 익힌 느낌을 따를 수 있기 때문이다.

그런데, 그저 경험치만 축적해서는 소용없다. 반드시 챙겨야 할 것이 있다. 성공과 실패 경험을 하는 동안, 그러니까 평소에 끊임없이 가슴이나 몸의 느낌을 주의 깊게 살피는 연습을 해야 한다. 그래야 YES일 때 느낌, NO일 때 느낌을 구분하고 알아챌 수 있다.

나와 만나는 연습

베를린대 철학과 교수 페터 비에리는 진짜 나를 찾으려면 일상 속 나를 관찰하라고 제안한다. 삶의 목표 같은 거창한 질문은 너무 중요하게 여겨지기 때문에 타인의 조언이나 사회적 가치 기준, 이런저런 조건을 고려하게 된다. 하지만 인터넷이나 책, 잡지를 뒤적이다가 어느 글이나 그림에서 멈칫하는 순간은 외부 영향을 받지 않은 순수한 내 느낌일 가능성이 크다. 또는 친구와 어울릴 때나 혼자 있을 때, 회사에서 성과를 올렸을 때, 가족과 어울릴 때 일어나는 각각의 느낌은 정직하다. 그 가운데 언제 더 편안하고 좋은지, 그때 느낌은 어떤지 알 수 있다. 그 느낌에 따라 그런 순간을 늘려나갈 때 진짜 자기 삶이 시작된다.

그렇다고 느낌을 찾으려고 애써 노력하지 마라. 처음엔 잘 모르겠더라도 그저 평소 자기 가슴과 몸에 주의를 두는 순간이 쌓이면 자연스레 느낌을 알아차릴 수 있다. 그러다 보면 진짜 자기 욕구에 맞는 선택도 저절로 하게 된다.

내 행복을 남의 손에 맡기지 않는다

앞서 말했듯이 국회에서 행정업무를 할 때 가장 싫은 일이 복사였다. 하찮은 일을 하고 있다는 생각에 창피하기도 했고 성가시고 귀찮았다. 상사는 속도 모르고 간단한 복사마저 전부 내게 시켰다. 여러 가지 이유로 평소 나는 그분에게 좋지 않은 감정을 품고 있었다. 마침 복사에 대한 불만이 눈썹까지 차올랐던 때 그분이 수십 장을 복사해달라고 지시했다. '바쁜 일도 없으면서 또 나한테 시키네! 그냥 자기가 하면 되는데!' 입이 이만큼 나와서 탕탕거리면서 대충대충 했다. 원본 반쪽이 종이 밖으로 나가도 모르는 척하고 분류도 엉망으로 해서 (살짝) 던지듯이 그분 책상에 올려놓고는 휙 자리로 돌아왔다.

그분은 내 뒤를 쫓아왔다. "이게 뭐야? 복사를 이런 식으로 해가지고는 던져놓고 가?" 언성을 높이며 화를 냈다. 불만이 머리끝까지 차올랐던 나도 지지 않고 대꾸했다. "내가 복사하는 사람이에요? 왜 자꾸 저한테 시키세요? 마음에 안 들면 직접 하세요!" 순간 어안이 벙벙해진 상사의 표정이 보였다. 그분은 또다시 언성을 높였고 한바탕 불미스러운 소란이 일었다.

상사가 자기 자리로 갔지만 나 역시 흥분이 쉽게 가시지 않았다. 가슴이 마구 벌렁거리고 호흡이 거칠기 그지없었다. 영락없이 밥솥에서 김 빠지는 모양새였다.

호흡과 가슴이 어찌나 유난스럽게 움직이는지 저절로 그곳으로 주의가 갔다. 덕분에 어렵지 않게 코와 가슴의 움직임에 주의를 집중할 수 있었다. 한참을 거친 호흡과 가슴의 느낌에 주의를 두고 있었다. 호흡과 가슴에서 거친 느낌이 사라지자 정신도 돌아왔다. 띵~ 갑자기 머리 위에서 종이 울렸다. '내가 왜 이러고 있지?' 소란 피운 걸 의미하는 게 아니다. 내 태도와 마음가짐이 보였다.

그동안 나는 상사가 하기 싫은 복사나 개인 심부름 따위를 시킬까 봐 조마조마하며 지냈다. '그런 일, 시키지 마라… 제발…' 하기 싫은 일을 지시할 것 같은 상황이 되면 혼자 마음을 졸였다. 다행히 그냥 지나가면 '휴…' 안도하고 우려하던 대로 지시를 받으면 불만이 가득 차서 퉁퉁거리면서 일했다. 하기 싫은 일을 상사가 시키지 않기를 바라고 있는 내 모습이 갑자기 노예처럼 보였다. 노예는 힘든 일, 하기 싫은 일을 주인이 시키지 않기를 바라며 마음 졸이고 있는 수밖에 없지 않던가!

상사가 내 마음이나 입장을 알아주고 배려해줘야만 내 직장 생활이 편안하다고 여긴다면 그건 내 행복의 일부가 상사에게 달려 있다는 것을 의미한다. 상사가 내 마음에 드는 일, 내가 하고 싶은 일을 시키면 좋아하고, 그렇지 않으면 괴로워하는 건 내 행복의 열쇠를 내가 아니라 상사가 쥐고 있는 꼴이다.

내 행복을 다른 사람에게 맡기지 마라

직장뿐만이 아니다. 배우자나 다른 누군가가 내 마음이나 입장을 몰라준다고 해서 힘들어하는 경우가 많다. 이런 마음가짐은 스스로를 무력하게 만든다. 타인에게 내 행복을 맡긴 꼴이니 말이다. 타인이 내 마음에 드는 말이나 행동을 하면 좋아하고 내 생각과 다르게 행동한다고 괴로워하면 내 기분과 행복이 주인에게 좌지우지되는 노예와 다를 바 없다. 노예는 주인이 채찍질하지 않기를 그저 숨죽여 바랄 수밖에 없는 처지지만, 나는 스스로를 노예로 만든 것이다.

'내 행복을 상사에게 맡겨서는 안 되겠다! 비록 위계관계로 이루어진 직장 조직이라 할지라도 내 행복은 온전히 내가 결정해야 한다!' 이렇게 마음을 먹었다. 그러자 속상하고 답답했던 마음이 언제 그랬냐는 듯 사라졌다. 많은 상황을 스스로 해결할 수 있겠다는 생각이 들었다.

우선 상사가 내 입장을 이해해주고 배려해주길 바라는 마음을 접었다. '그럼 나는 이제 어떻게 해야 할까?' 내 잘못부터 바로잡아야 했다. 싫든 좋든 상사가 시키는 일을 하겠다고 일을 받은 사람은 나다. 그래놓고서는 툴툴거리면서 엉망으로 일을 한 건 내 잘못이다. 또 상사가 부당하다고 해서 감정적으로 대꾸한 것도 좋은 태도는 아니다.

나는 벌떡 일어나서 상사에게 갔다. "보좌관님, 죄송합니다. 하겠다고 해놓고 성의 없이 하고 감정적인 태도 보여서 죄송합니다." 상사는 곧바로 사과를 받아들였고 서로 마음을 풀었다.

그 뒤로 내 태도가 바뀌었다. 불만스러운 일이 사라진 건 아니지만, 적어도 싫은 일을 시킬까 봐 조마조마하던 마음은 사라졌다. 할 수 있는 일은 기꺼이 하고, 못하겠는 일은 양해를 구하려고 했다. 물론, 말단 직급이던 내가 실제로 못하겠다고 한 일은 거의 없었지만 그래도 마음 편하고 당당해질 수 있었다. 상사도 내 잡무를 도와주려고 했다. 잡무는 어쩔 수 없는 내 일이었지만, 상사가 종종 묘안을 제시해줬다. 가령, 일일이 복사할 게 아니라 프린터를 이용하라고 했다. 프린터는 분류 인쇄가 되니까 일을 훨씬 수월하게 할 수 있었다.

노예의 도덕과 군주의 도덕

우리는 늘 밖을 본다. 저 사람만 그렇게 하지 않으면, 그 일이 생기지만 않으면 좋을 텐데, 라고 생각한다. 니체는 이런 태도를 노예와 같다고 했다. 노예는 자신을 친절하게 배려하고 따듯하게 동정하며 해를 입히지 않는 주인을 선하고 착한 사람이라고 여긴다. 그렇지 않은 주인은 나쁜 사람이다. 니체는 이런 선악을 도덕 기준으로 삼는 태도를 노예 도덕이라고 말한다. 반면, 배려나 동정이 아니라 강함과 약함 또는 우등과 열등을 기준으로 삼는 태도는 군주 도덕이다. 군주(주인)는 타인에게 배려나 동정을 구하지 않는다. 맞서 싸운다. 이기면 승자 지위를 누리고 지면 기꺼이 패자 지위를 받아들인다.

여기서 '노예'나 '군주'는 비유다. 노예는 비겁하고 연약한 사람을 의미하고 군주는 당당하고 강한 사람을 의미한다. 병약한 신체나 열악한 환경 등 선천적 또는 물리적으로 불리한 조건에 처한 사람은 그렇지 않은 사람에 비해 약자지만 그렇다고 해서 그들이 전부 노예 도덕을 갖는 건 아니다. 소위 금수저라고 해서 전부 군주 도덕을 갖는 것도 아니다.

니체가 말하는 노예나 약자는 스스로를 기만하는 사람이다. 불리한 조건이나 자기 약점을 무조건 보호받아야 하는 '선'으로 위장하는 태도는 자기 자신을 있는 그대로 인정하지 않으려는 속임수라는 것이다. 자기 약점을 합리화하면 바뀌어야 할 것은 오직 상황이나 타인뿐이다. 바뀐다는 건 문제점을 개선하는 것이고 이는 곧 발전을 내포한다. 따라서 노예 도덕으로는 스스로 자기 약점을 극복하고 발전하지 못한다. 니체는 초인이 될 때까지 끊임없이 자기 자신을 극복해야 한다고 주장한다.

자기 약점을 인정하는 건 중요하다. 그래야 자기 조건을 바꿀 수 있는 방안을 스스로 모색할 수 있다.

호흡이나 가슴, 몸의 느낌을 자꾸 살펴보면서 주의를 자기 자신에게 향하도록 연습하면 머지않아 일상에서 자기가 어떤 반응을 보이고 있는지, 어떤 태도를 취하고 있는지를 깨닫는다. 문제를 해결할 힘이 내게 있다는 것을 발견하면 내 행복을 남에게 요구하거나 외부에서 찾을 필요가 없어진다. 치르치르와 미치르가 그토록 고생하며 찾으려 했던 파랑새를 결국 집에서 찾았듯이, 능숙한 조련사와 관심을 듬뿍 받는 코끼리가 내 안에 있는 그 파랑새를 보여줄 것이다.

있는 그대로 받아들이고 홀가분하게 산다

니체는 《차라투스트라는 이렇게 말했다》에서 '정신의 세 단계'를 말한다. 첫 번째 단계는 '낙타'다. 낙타는 억세지만 주인이 시키는 대로만 움직인다. 낙타는 자기 안위를 주인에게 의존하며 복종한다. 고분고분 주인의 무거운 짐을 짊어진다. 서울대 철학과 박찬국 교수는 낙타가 짊어진 짐을 전통 가치, 관습, 사회 통념 같은 것이라고 설명한다. 개인으로 보면 부모가 옳다는 것, 하라는 것을 그대로 받아들이면서 부모에게 의존하는 유년기와 같은 상태다.

두 번째 단계는 '사자'다. 자유를 추구하는 사자는 더 이상 타율적이지 않다. 누군가에게 복종하지도 않는다. 오히려 용과 겨룬다. 용은 전통 가치, 사회 통념, 관습에 따른 의무를 요구하지만 사자는 이에 저항한다. 개인 차원에서는 청소년기 반항이고, 사회 차원에서는 기존 종교 도덕의 절대 권위가 무너진 근대다. 하지만 사자는 여전히 자기만의 가치를 찾지 못하고 있다.

세 번째 단계는 '아이'다. 아이는 권위와 속박에서 자유롭고 언제나 즐겁다. 니체가 지향하는 인간 모습이다. '아이' 단계가 바로 자기 자신을 극복한 초인 상태다. 그는 자기 삶을 긍정하고 순간순간을 충만하게 산다.

좀 더 구체적으로 우리 모습을 니체의 '정신 세 단계'로 비유해보자. 자신의 진짜 욕구나 모습을 알지 못한 채 타인이 추앙하는 명성이나 물질적 보상을 자기 삶의 가치 기준으로 삼는 단계는 '낙타'다. 자기 자신을 알기 전까지는 누구나 그렇다. 세간의 가치에 의문을 품고 진짜 자신의 욕구를 찾고자 한다면 '사자'의 모습이다. 이건 아닌데…? 하는 느낌이 있지만 아직 막연하다. 진짜 자기 욕구를 발견해 그것을 따르고 자유를 느끼며 순간을 충실하게 사는 사람을 '아이'라고 할 수 있다.

이에 딱 맞는 행보를 보이는 사람이 있다. 일러스트레이터 '밥장'이다. 그는 본래 평범한 회사원이었다. 명문대 경제학과를 졸업하고 대기업에서 웹 기획 업무를 했다. 이때까지 그는 사회 통념에 부합하며 살았다. 비유하자면 '낙타'였다. 하지만 회사를 다니면서 이건 내 일이 아니라는 느낌을 계속 받았다고 한다.

결국 회사를 그만뒀고 평소 막연하게 좋아하던 그림을 그리기 시작했다. 처음엔 방에 처박혀서 수십 장씩 그렸다. '사자'가 돼 자기 가치를 찾기 시작한 것이다. 그렇게 한 걸음씩 나아가 마침내 잘나가는 프리랜서가 됐다. 그는 왕성하게 작품 활동을 하고 책도 쓴다. 한동안 공중파 방송도 진행했고 외국 대사관 지원을 받아 여행 다니는 일도 한다. 재능기부도 활발히 하고 있다. 그야말로 자신의 진짜 욕구에 따라 순간순간을 자유롭고 충실하게 살고 있는 것처럼 보인다.

그는 얼마 전, 인터뷰에서 인상적인 말을 했다. 그림으로 먹고살 수 있는 노하우를 알려달라는 질문에 이렇게 대답했다.

"나를 좀 버려야 돼요. (프리랜서를) 그림만 갖고 판단하는 게 아니기 때문이에요. '나 이런 거 안 해. 이런 거 하기 싫어' 이런 게 없어야 된다는 거예요. 배우라고 생각해봐요. 감독이 액션 신 찍자는데 난 액션 안

해요. 멜로 하자는데 난 사극만 해요. 이럴 거면 일러스트레이션(프리랜서)을 하면 안 되는 거예요."

그의 말에 따르면, 자신의 진짜 욕구에 따라 자유롭게 사는 단계에서도 하기 싫은 일을 맞닥뜨리게 된다는 의미다. 하기 싫은 마음을 잘 다스리면서 살아가는 일은 잘나가는 프리랜서에게도 중요한 것이다.

우리에게는 아직 하기 싫은 일이 많다. 아니, 하기 싫은 일 자체는 문제가 아니다. 그 마음에 마구 휘둘린다는 게 문제다. 코끼리를 한번도 길들여본 적이 없으니 당연하다. 게다가 아직 가짜 욕구와 진짜 욕구가 섞여 있기 때문에 더 쉽게 흔들린다.

우리는 조금씩 변해갈 것이다. 툭하면 놀라고 도망가려는 코끼리를 달래기 위해 자기 자신을 지켜봄으로써 진짜 욕구를 찾는 '사자'가 될 것이다. 그 과정에서 내가 미처 몰랐던 내 모습을 발견하고는 조금 놀랄 수도 있다. 내가 누군가를 싫어한 이유가 그에게서 보이는 내 모습 때문이었다는 걸 발견하고 당황할 수도 있다.

반갑던 반갑지 않던 자기감정과 느낌, 욕구를 있는 그대로 받아들이고 지켜보면 서서히 불필요한 감정이나 욕구가 사라진다. 두려움 때문에 힘들었다면 그것이 종이 호랑이였다는 것을 깨달을 것이다. 두려움의 실체가 허상이었다는 사실을 깨달을 때마다 나 자신을 더 자주 보게 된다. 어떻게 해야 할지도 떠오른다. 진짜 욕구도 발견한다. 누가 시켜서 또는 해야 하니까 어쩔 수 없이 하는 일이 적어진다. 그렇게 조금씩 '아이' 단계로 나아간다.

무엇에도 얽매이지 않고 자유롭게 산다

서울 이태원 경리단길은 요즘 젊은이들에게 각광받는 핫 플레이스다. 그곳에 특이한 골목이 있다. 일명 '장진우 골목'이다. 구석진 골목에 소박하면서도 분위기 있는 예쁜 가게들이 늘어서 있다. 전부 장진우 씨가 낸 식당이다. 포토그래퍼였던 그는 요식업을 할 생각은 없었다. 그저 요리하는 게 좋아서 작업실에 놀러온 사람들에게 직접 만든 음식을 대접했다. 그게 입소문이 나면서 작업실 앞에 사람들이 줄을 서기 시작하자 아예 식당을 낸 것이다.

찾아오는 사람들이 많아지자 근처에 간단한 맥주를 마실 수 있는 곳이 있으면 좋겠다 싶어서 펍을 냈고, 포차도 있으면 좋겠다 싶어서 열었다. 그런 식으로 필요한 가게를 내다 보니 어느새 골목을 형성한 것이다.

사람들은 그를 부러워한다. 자기 이름을 붙인 골목이 생길 정도로 멋진 식당을 몇 개씩 운영하니 말이다. 특히 좋아하는 일을 하면서 성공했으니 더더욱 낭만적으로 보인다. 사람들이 가장 부러워하는 것은 다름 아닌 그의 자유로운 삶이다. 좋아하는 일을 하면서 명성도 얻었으니, 돈과 시간의 구애를 받지 않고 자유롭게 살 수 있지 않을까. 하지만 그는 말한다.

"자유분방함이란 내가 하는 사고와 철학이 자유로운 것이지, 삶 자체로 추구하는 것이 아니라고 생각합니다. 착각하기 쉽지만 자유로운 삶은 결코 나태한 삶을 말하는 게 아니예요."

식당을 하기 전 그는 포토그래퍼로 활동했지만, 사실 그는 사진 전공자가 아니다. 대학에서는 국악을 전공했다. 사진은 그냥 하고 싶어서 시작했다. 포토그래퍼를 선뜻 선택할 수 있을 만큼 넉넉한 가정 환경도 아니었다. 그는 학창시절 내내 아르바이트를 해야 했다. 가정 형편도 좋지 않고 전공자도 아니니 포토그래퍼가 되기에 여러 모로 유리한 조건이 아니었다. 하지만 그는 '자유롭게' 결정했다. 그리고는 죽어라 사진을 찍었다.

식당도 마찬가지였다. 그저 작업실에 놀러 온 친구들에게 자신이 좋아하는 요리를 선보이다가 물 흐르듯 별 노력 없이 큰 성공을 맞이한 것처럼 알려져 있지만, 실은 보이지 않는 수고가 있었다. 식당을 하기로 결심했을 때, 다른 식당에서 파는 모든 메뉴를 수없이 만들면서 메뉴를 개발했다. 지금도 그는 새벽 6시에 일어나 다음날 자정을 넘길 때까지 빽빽하게 짜인 스케줄을 쉴 새 없이 소화해야 한다.

성공했는데도, 겉으로 보기에 그는 전혀 자유롭지 않다. 그는 말한다.

"진짜 자유로운 삶은 '자유로운 생각'이 규칙적 노력과 열정을 만났을 때 실현됩니다."

규칙적인 생활, 즉 제약 속에서 자유롭게 생각하는 자세가 진짜 자유라는 것이다.

자유롭게 산다는 것의 진짜 의미

우리가 언뜻 생각하는 자유는 아무 방해 없이 하고 싶은 것을 마음껏

할 수 있는 상태다. 먹고 싶은 음식을 실컷 먹고, 쉬고 싶을 때 아무 걱정 없이 쉬고, 여행 가고 싶을 때 어디로든 훌연히 떠날 수 있다면 얼마나 자유로울까, 상상한다.

사실상 이런 자유는 욕구 충족에 지나지 않는다. 한마디로 단지 편하고 싶은 것이다. 먹고 싶은 것을 먹지 못하고, 가고 싶은 여행을 가지 못하고, 쉬고 싶을 때 쉬지 못하면 몸과 마음이 편치 않다. 욕구대로 먹고, 여행 가고, 쉴 수 있는 자유는 그저 싫은 상태에서 벗어나려는 회피 심리일 뿐 진짜 자유가 아닌 것이다.

장진우 대표가 말하듯이 자유를 가늠할 수 있는 건 환경이나 조건이 아니다. 자유란 자기 뜻에 따라, 스스로 하는 정신 상태이기 때문이다. 직장생활을 해도 자유로울 수 있고, 프리랜서로 일해도 자유롭지 못할 수 있는 것이다.

고슴도치는 추위를 이기기 위해 서로의 체온을 이용한다. 가까이 모이면 가시가 서로를 찌르기 때문에 머리 부분을 맞댄다. 이때 가시는 영 성가셔서 없었으면 좋겠다. 하지만 가시가 있어서 위험한 것들로부터 자신을 보호할 수 있다.

우리가 느끼는 부정적 감정은 마치 고슴도치의 가시와 같다. 우리를 불편하게 하지만 동시에 우리를 보호하기도 한다. 그러니 달갑지 않더라도 있는 그대로 인정하고 받아들여야 한다.

어렵지 않다. 그동안 외면했던 감정과 느낌에 관심을 두고 그것이 저절로 사라질 때까지 주의를 주기만 하면 된다. 가만히 놔둔 채 그저 지켜보고만 있는 것이 곧 있는 그대로 인정하고 받아들이는 것이다.

곰곰이 따져보면 내 행복과 자유를 방해한 실체는 달갑지 않은 사람이나 상황이 아니라 내 안에서 끊임없이 난동을 부리는 코끼리였다는 사실을 알게 될 것이다. 그 예민한 코끼리를 다룰 줄 안다면 부정적 감정이나 생각을 억누르거나 피하려고 애쓸 필요가 없다. 나도 모르게 맞서 싸우거나 피하려고 했던 감정이나 상황에서 더 이상 도망치지 않아도 된다면 그보다 더한 자유가 어디 있겠는가!

칼릴 지브란은 이미 오래 전에 이런 말을 들려주었다.

"여러분이 진정으로 자유로워지는 것은 낮에도 근심이 없고, 밤에도 아쉬움이나 슬픔이 없을 때가 아니라 이런 것들이 삶을 옭아매도 훌훌 벗고 얽매이지 않은 채 이를 딛고 올라설 때입니다."